东北振兴指标体系及动态评价报告

李伟伟 张丹宁 易平涛◎著

REPORT ON INDEX SYSTEM AND
DYNAMIC EVALUATION OF
NORTHEASTERN CHINA REVITALIZATION

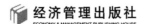

经济管理出版社
ECONOMY & MANAGEMENT PUBLISHING HOUSE

图书在版编目（CIP）数据

东北振兴指标体系及动态评价报告/李伟伟，张丹宁，易平涛著．—北京：经济管理出版社，2022.4

ISBN 978-7-5096-8394-1

Ⅰ.①东… Ⅱ.①李… ②张… ③易… Ⅲ.①区域经济发展—评价指标—研究报告—东北地区 Ⅳ.①F127.3

中国版本图书馆 CIP 数据核字（2022）第 062663 号

组稿编辑：张巧梅
责任编辑：张巧梅
责任印制：黄章平
责任校对：陈　颖

出版发行：经济管理出版社
　　　　　（北京市海淀区北蜂窝 8 号中雅大厦 A 座 11 层　100038）
网　　　址：www.E-mp.com.cn
电　　　话：（010）51915602
印　　　刷：唐山玺诚印务有限公司
经　　　销：新华书店
开　　　本：720mm×1000mm/16
印　　　张：12.25
字　　　数：193 千字
版　　　次：2022 年 6 月第 1 版　　2022 年 6 月第 1 次印刷
书　　　号：ISBN 978-7-5096-8394-1
定　　　价：88.00 元

·版权所有　翻印必究·
凡购本社图书，如有印装错误，由本社发行部负责调换。
联系地址：北京市海淀区北蜂窝 8 号中雅大厦 11 层
电话：（010）68022974　邮编：100038

前　言

亚洲最大的芦苇沼泽湿地在这里，中国最大的林区在这里，中国最大的平原在这里，世界最多的镁矿和滑石矿在这里，亚洲最大的锌产地在这里，中国最大的煤矿在这里，中国最大的油母岩储量省份在这里，中国最大的油田在这里，中国最大的海上油田也在这里……这里是东北，天赐宝地，物产丰富！

中国首台世界最大超重型数控落地铣镗机床诞生在这里；中国第一架喷气式飞机诞生在这里；中国第一台深海机器人诞生在这里；中国第一艘万吨轮船诞生在这里；中国第一架飞机、第一艘远洋巨轮、第一座原子能反应堆、第一枚导弹、原子弹、氢弹和第一颗人造卫星、第一艘核潜艇以及第一枚运载火箭上所用的全部轻金属材料生产者坐落在这里……这里是东北，共和国长子，功绩卓著。

然而沧海桑田，谓世事之多变。2021 年，中国 31 个省、市、自治区 GDP 出炉，东北三省排名最好的辽宁位列第 17 位，黑龙江和吉林分列第 25 位和 26 位，三省 GDP 总和为 55698.82 亿元，低于排名第 5 的河南省；排名第 1 的广东省 GDP 是东北三省 GDP 总的 2.2 倍。2020 年，中国 31 个省、市、自治区科研投入经费榜单发布，东北三省排名最好的辽宁位列第 15 位，黑龙江和吉林分列第 21 位和 25 位，且三省 R&D 投入均低于全国平均水平 2.4%，吉林仅为 1.3%，三省 R&D 经费投入共计 881.7 亿元，不及排在第 10 位的湖南省，排在第一位的广东省经费投入是东北三省总的 3.9 倍。2020 年，全国第 7 次人口普查结果发布，东北三省人口增速全部为"负"，吉林和黑龙江人口降幅甚至在 10% 以上，黑龙江的人口降幅几近17%；与此形成鲜明对比的是同年公布的"老年人口抚养比"，辽宁排在第3位，吉林和黑龙江也排在第10位左右。有人说，东北"老"了，东北"落后"了，曾经的共和国长子，不复当年盛况，在滚滚的历史洪流中再难挺起脊梁……

然而，党中央和国务院却始终高度重视东北振兴工作，自2003年东北振兴战略启动以来，东北地区经济社会发展取得了显著的进步与成效：三次产业结构不断优化，社会经济发展稳中向好，筑底回升趋势明显。但是在取得进步的同时，仍要清醒地看到，东北振兴仍处在"滚石上山、爬坡过坎"的关键阶段，距离"全面振兴目标"的实现还具有一定的困难性与挑战性。

雄关漫道真如铁，而今迈步从头越！在中国共产党的领导下，在习近平总书记关于东北振兴的重要思想指引下，我们更要充分认识到深入推进东北振兴在国家战略大局中的重要意义，特别是认识到新时代东北振兴，是全面振兴、全方位振兴，要从统筹推进"五位一体"总体布局、协调推进"四个全面"战略布局的角度去把握，瞄准方向、保持定力，扬长避短、发挥优势，一以贯之、久久为功，撸起袖子加油干，重塑环境、重振雄风，弘扬"长子情怀"，做好国家粮食的"压舱石"，筑牢祖国北疆生态安全屏障，形成对国家重大战略的坚强支撑。

东北振兴，不能单纯依靠资源的投入，"深化改革"才是破解的关键所在。正如习近平总书记在深入推进东北振兴座谈会上曾提出要"在谋划地区改革发展思路上下功夫，在解决突出矛盾问题上下功夫，在激发基层改革创新活力上下功夫"。深化改革的重点在于激发东北发展新活力，构建现代化产业体系，形成以创新驱动为引领的经济发展模式。当前，我国正处在技术创新引领产业变革的信息化时代，中国"十四五"规划纲要专门设置"加快数字化发展　建设数字中国"章节，明确提出要建立健全规范有序的数字化发展治理体系，推动营造开放、健康、安全的数字生态，加快数字中国建设进程。数字经济的飞速发展为新时代中国高质量发展注入了新动能，也给东北经济发展带来了新机遇。

在这样的时代背景下，本书遵循"循数管理"思想，创建衡量东北地区全面振兴进程的评价指标体系，尝试甄别东北振兴的发展瓶颈与障碍，深挖东北经济振兴的潜在动能，提出有针对性的政策建议，以数字化发展赋能东北高质量发展和全面振兴。

本书的出版得到教育部人文社会科学研究青年基金项目（17YJC630067）和国家自然科学基金项目（72171041、71803073、72171040）的经费支持。感谢东北大学东北评价中心各位老师与学者的持续支持与宝贵建议。感谢张巧梅编辑耐心、出色的编辑校对工作。感谢博士后王露，博士研究生董乾坤、王士烨、杨雪婷，硕士研究生王胜男、黄海、宋雪峰、袁建荣、梁媛媛等对书稿所用资料、数据的整理及分析，预祝他们能够在未来的工作、学业上取得丰硕的成果。

莫言东北冰雪寒，数字赋能化涅槃，滚石过坎不畏险，东北振兴雄风展！东北全面振兴是国家与人民的共同期盼，我们坚信，在以习近平同志为核心的党中央领导下，共和国长子——东北必将踏上新征程，为中华民族的伟大复兴及国家的持续繁荣贡献更大的力量。

受数据来源与时间等因素的限制，本书中的不足与疏漏之处在所难免，敬请各位读者批评指正。

课题组

2022 年 3 月

目　录

第一章　绪论

习近平总书记曾这样评价东北："东北地区是我国重要的工业和农业基地，维护国家国防安全、粮食安全、生态安全、能源安全、产业安全的战略地位十分重要，关乎国家发展大局。"新中国成立以来，东北地区作为老工业基地，曾是新中国工业的摇篮，在共和国发展史上写下了光辉灿烂的篇章。然而，最先步入计划经济，也是最后走出计划经济，东北长期积累的体制性、结构性矛盾日益显现，工业生产一度步履维艰，经济位次不断后移。

党中央和国务院高度重视东北振兴工作，自2003年东北振兴战略启动以来，东北地区经济社会发展取得了举世瞩目的成绩。在"十四五"开局之年，我国将全面开启建设社会主义现代化国家新征程、向第二个百年奋斗目标进军，在这个历史的交汇点上，东北振兴正处在"滚石上山、爬坡过坎"的关键阶段，更要充分认识深入推进东北振兴在国家战略大局中的重要意义，坚持以习近平新时代中国特色社会主义思想为指导，着力依靠改革开放更大激发市场活力，着力推动经济结构转型升级培育新的竞争优势，着力集聚各类人才，不断开创东北振兴、推动高质量发展新局面。

第一节　研究背景

（一）东北振兴战略的提出

20世纪90年代以来，随着改革开放的深入，一方面中国东部沿海地区迅速崛起，另一方面东北地区的体制性、机制性、结构性矛盾日益突出，导致东北地区与沿海发达地区的差距不断扩大。为解决这一问题，中共中央、国务院于2003年10月印发了《中共中央　国务院关于实施东北地区等老工业基地振兴战略的若干意见》（以下简称《若干意见》），正式启动实施东北地区等老工业基地振兴战略，并指出"各部门要像当年建设沿海经济特区、开发浦东新区和实施西部大开发战略那样，齐心协力，扎实推进，确保这一战略的顺利实施"。《若干意见》提出"要将老工业基地调整改造、发展成为技术先进、结构合理、功能完善、特色明显、机制灵活、竞争力强的新型产业基地"，并从加快体制创新和机制创新、全面推进工业结构优化升级、大力发展现代农业、积极发展第三产业、推进资源型城市经济转型、进一步扩大对外开放等方面制定了振兴战略的各项方针政策，吹响了振兴东北老工业基地的号角。2003年12月，国务院振兴东北地区等老工业基地领导小组成立。在此基础上，中共中央先后在东北地区实行了一系列促进振兴的优惠政策，振兴战略得到进一步落实与执行。2007年8月，国务院批复《东北地区振兴规划》，提出经过10~15年的努力，实现东北地区的全面振兴。2009年国务院出台了《关于进一步实施东北地区等老工业基地振兴战略的若干意见》，明确提出"优化经济结构，建立现代产业体系"。2012年国务院通过《东北振兴"十二五"规划》，强调"坚持把产业转型升级作为推动东北地区全面振兴的主攻方向，加快转变经济发展方式"。

自2003年开始，经过10年（2003~2013年）努力，东北地区等老工业基地振兴战略取得初步成效。一批重大项目顺利实施，一批重点老企业的技术水平有了显著提升，资源开发补偿机制和衰退产业援助机制日益形成，国有经济战略性调整和国有企业改制改组步伐逐步加快。东北地区开始呈现出差异化发展、协作分工的良性态势。经济增长速度较快，经济总量不断扩大，东北三省的地区生产总值由 2003 年的 1.3 万亿元增长至 2013 年的 5.8 万亿元以上，年均增长 11% 左右。改革开放逐步深入，沿海沿边全方位开放格局初步形成，与周边地区和国家的合作有序推进。产业发展前景乐观，部分重大装备研制走在全国前列，生产制造能力、创新能力等显著提高，沈阳、大连、哈尔滨、齐齐哈尔等具有国际竞争力的先进装备制造业基地正在形成，其中沈阳和大连的装备制造业产值排名靠前。民生保障逐步改善，棚户区、城区老工业区、采煤沉陷区改造全面实施，社会保障体系进一步健全。实践证明，中共中央、国务院关于实施东北老工业基地全面振兴战略的重大决策是完全正确的，东北老工业基地实现全面振兴的前景是十分广阔的（周建平等，2020）。2003~2013 年东北三省 GDP 总额及占全国 GDP 比重情况如图 1-1 所示。

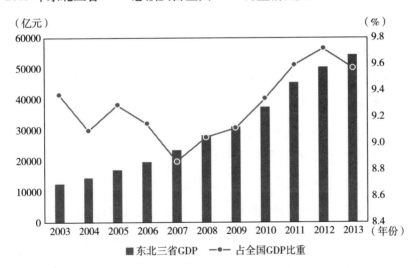

图 1-1 东北三省 GDP 及占全国比重变化（2003~2013 年）

（二）新一轮东北振兴战略的提出

伴随着中国经济发展进入新常态，面对日益纷繁复杂的国际政治经济形势，东北地区表现出了明显的不适应性，加之东北地区长期以来形成的深层次体制性、机制性和结构性问题，2014 年以来，东北地区的经济下行压力增大，部分行业和企业生产经营困难，体制机制的深层次问题进一步显现，经济增长新动力不足和旧动力减弱的结构性矛盾突出，东北地区的发展面临着新的困难和挑战。2015 年，辽宁、吉林、黑龙江三省的地区生产总值增速分别为 3.0%、6.5%、5.7%，均低于全国平均增速（6.9%）。2016 年，辽宁省的地区生产总值首次出现了负增长，增速为-2.5%。究其原因，主要还是东北地区自身的原因居多，例如：机制体制方面，东北地区的思想不够解放，国有企业活力不足，过度依赖投资拉动经济增长，市场化程度低等；产业结构方面，一方面，传统产业仍占主导，资源型、传统型、重化工型产业结构和产品结构无法适应市场变化与需求，另一方面，新兴产业发展较为缓慢，服务业发展较为滞后，经济发展表现出较强的路径依赖；社会民生方面，东北地区职工收入偏低，就业压力较大，人口流失严重，社会保障工作及城区老工业区的改造亟待深入（周建平等，2020）。

总体而言，东北振兴虽然取得了较大程度的进展，但仍是阶段性的，与全国特别是发达地区相比还有较大差距，经济总量仍呈下降趋势、结构调整任务十分艰巨、深化国企改革战略重组困难重重、装备制造业持续发展面临考验、资源型城市持续发展缺少政策保障、就业民生和社会保障压力大、诸多风险依然存在等，尤其是东北三省思想观念转变和体制机制创新，以及一些历史中积累的影响长远发展的结构性、体制性矛盾还没有完全解决。在新的经济形式及国际环境下，东北地区等老工业基地的全面振兴面临的挑战更为严峻，振兴东北地区等老工业基地是一项长期、复杂和艰巨的工作，全面实现振兴目标任重而道远。

在上述背景下，国家出台了一系列新一轮深化东北老工业基地振兴的战略部署。2014 年 8 月，国务院出台了《关于近期支持东北振兴若干重大政策举措的意见》，开启了新一轮东北振兴战略的序幕（张占斌等，2020）。2016 年 2 月印发了《中共中央 国务院关于全面振兴东北地区等老工业基地的若干意见》（中发〔2016〕7 号，以下简称7 号文件）。7 号文件旨在以创新驱动为引领、以结构调整为基点、以机制体制重塑为依托、以创新创业为关键、以民生保障为前提的新一轮东北老工业基地全面振兴攻坚战盛大启幕，标志着新一轮东北振兴战略的正式启动实施。新一轮的振兴目标非常明确，概言之就是：到2020年，东北地区在重要领域和关键环节改革上取得重大成果，转变经济发展方式和结构性改革取得重大进展，经济保持中高速增长。在此之上，2030年，东北地区实现全面振兴，走进全国现代化建设前列，成为全国重要的经济支撑带。

在7号文件的基础上，国务院于2016年11月出台了《国务院关于深入推进实施新一轮东北振兴战略加快推动东北地区经济企稳向好若干重要举措的意见》（国发〔2016〕62号，以下简称62号文件）。62号文件是7号文件在支持东北振兴策略举措的具体化，定位为中共中央、国务院关于新一轮东北振兴的决策部署的细化、实化和具体化。此外，在7号文件和62号文件的基础上，国家有关部门提出了一系列配套政策举措，如《东北振兴"十三五"规划》《推进东北地区等老工业基地振兴三年滚动实施方案（2016—2018年）》《关于深入推进实施新一轮东北振兴战略加快推动东北地区经济企稳向好若干重要举措的意见》等，规划了一批对东北振兴有全局性影响的、能够有效弥补短板且培育新动能的重大工程与项目，为新一轮东北振兴战略的顺利实施提供了重要的支撑。

新一轮东北振兴战略实施以来，东北三省老工业地区的经济取得了巨大成就，三次产业结构不断优化，东北振兴稳步前行，呈现稳中向好的态势，特别是辽宁省于2017年实现了主要经济指标由负转正，筑底回升趋势明显。在东北振兴"滚石上山、爬坡过坎"的关键节点，习近平总书记于2018年9月到东北三省考察时，主持召开深入推进东北振兴座谈会并发表重要讲话，强调新时代东北振兴是全面振兴、全方位振兴，要从统筹推进"五位一体"总体布局、协调推进"四个全面"战略布局的角度去把握，重塑环境、重振雄风，形成对国家重大战略的坚强支撑。2019年8月，中共中央、国务院印发了《关于支持东北地区深化改革创新推动高质量发展的意见》，强调"着力依靠改革开放更大激发市场活力，着力推动经济结构转型升级培育新的竞争优势，着力集聚各类人才等"。

然而，受中美贸易争端影响、内在活力又尚未释放等多重压力，辽宁、吉林、黑龙江三省2019年GDP首次出现全体负增长。2020年初开始至今，世界各国先后受新冠肺炎病毒疫情的影响，市场低迷，经济形势势必更加严峻。因而，就当前国内外时局而言，东北振兴战略目标的实现具有一定的困难性与挑战性。在此背景下，"十四五"规划的开局之年，按照国家"十四五"规划纲要的部署安排，国家发展改革委不断完善政策措施，制定出台了《东北全面振兴"十四五"实施方案》，着力深化改革，加快创新，扩大开放，不断激发活力，增强动力，走出一条质量更高、效益更好、结构更优、优势充分释放的发展新路。国务院于 2021 年 9 月批复了关于《东北全面振兴"十四五"实施方案》（以下简称《实施方案》）的请示，指出要提高对东北振兴重要性、紧迫性的认识，加强组织领导，完善工作机制，深化改革开放，强化政策保障，优化营商环境，推动实施一批对东北全面振兴具有全局性影响的重点项目和重大改革措施，着力增强内生发展动力，确保《实施方案》各项目标任务如期实现。《实施方案》中明确提出，到 2025 年，东北振兴重点领域取得新突破，维护"五大安全"的能力得到新提高，国家粮食"压舱石"地位更加巩固，祖国北疆生态安全屏障更加牢固；一批国有企业改革取得实质性进展，发展质量和效益显著增强；民营经济体量和比重持续提升，活力和竞争力明显提高；融入国内大循环更加深入，国内国际双循环相互促进更加有力；创新驱动作用充分发挥，产业结构进一步优化；优势互补、高质量发展的区域经济布局初步建立，城市群和都市圈的辐射带动作用进一步增强；基础设施网络进一步完善，统筹城乡的基本公共服务均等化水平明显提高，就业、社保等民生保障能力稳步提升。

第二节　研究问题

当前，东北老工业基地进入全面振兴的新时期。虽然 2020 年全年，东北三省经济增速摆脱了 2020 年上半年下行趋势，实现由负转正，且吉林省经济增速超过了全国平均水平，但东北地区老工业基地的振兴仍相对乏力，亮点相对较少。东北老工业基地振兴乏力的深层次原因是每一个关心东北振兴的人所急切想解答的问题。然而，当前对于这一问题，答案却莫衷一是：有人认为是经济结构过于单一，偏向于资源型产业和重型装备制造业；还有人认为是国有经济比重过高，民营经济不发达，市场缺乏活力；也有人说是官僚主义严重，营商环境恶劣；其实老龄化趋势严重，人才外流，缺乏创新也是重要原因……多方声音的响起为明确东北老工业基地振兴发展现状、剖析发展瓶颈、判别制约因素等决策带来了较大的困难。因此，让数字说话，提高数字治理能力，打造数字政府是推进科学决策、提高决策效能的重要途径。

数字政府是技术革命时代政府治理改革发展的结果。国家"十四五"规划明确提出了提升国家治理效能和"加强数字政府建设"的目标要求，通过数字政府建设，为政府治理能力现代化赋能、增能，进而为政府治理体系现代化注入变革力量。在"十四五"开局之年，广东、江苏和上海等省市纷纷以顶层设计的形式，强化政策支撑、落实战略规划，为推进高质量发展增添动能，同时，也向外界传递着信号："十四五"时期，仍然要坚定不移地加强数字政府建设。而对于东北地区而言，更要加快培育和强化"循数管理"思想，提高数字治理能力，在综合考虑东北地区老工业基地全面振兴的时代背景，以及在对东北老工业基地振兴的政策环境、区域环境等进行深入研究的基础上，创建衡量东北地区全面振兴进程的评价指标体系，通过评价甄别东北振兴的各种障碍，从比较分析中发现东北经济困境的真正原因，从而提供有针对性的政策建议，是打赢东北老工业基地全面振兴发展攻坚战的关键，对实现东北地区高质量发展具有重要的现实意义。

第三节　研究现状

从 1996 年开始，有关东北振兴的理论性探索陆续出现，在 2003 年东北振兴战略确定后，2004 年出现了研究高潮，并细化深入。2016 年，随着东北经济发展乏力和国家进一步重视，相关研究再次涌现。由于东北老工业基地振兴思路及战略设计能够对指标体系的创建起到纲领性的引导作用，本书主要从东北老工业基地振兴思路和东北振兴评价指标体系设计（包含东北振兴评价）两个方面进行文献回顾。

（一）东北老工业基地振兴思路研究

在东北振兴国家战略全面实施的时代背景下，众多学者展开了关于东北振兴的综合性策略分析。李凯、史金艳（2003）阐述了东北振兴的战略意义，认为振兴的优先措施包括：鼓励外资参与东北老工业基地的振兴；发挥非国有经济在东北老工业基地振兴中的作用；在搞好区域内各城市定位的基础上实现区域整合。林木西（2003）强调实施改革领先战略、结构优化战略和开拓创新战略。任淑玉等（2003）分析了东北振兴的难点和优势，指出应该加快对外开放步伐，建立投融资内生机制，组织实施一批重大项目。唐现杰、徐泽民（2004）分析了如何破解东北振兴中的下岗再就业难题、企业办社会难题和债务负担难题。王洛林、魏后凯（2006）认为，必须抓好振兴规划，实行分类指导、区别对待，进一步加大国家财政和金融支持力度。林木西（2012）认为，"再工业化"是东北地区等老工业基地全面振兴的必由之路。李健等（2020）探索了现阶段东北地区科技工作者面临的主要问题及其成因，并从政府、企事业单位和普通大众三个层面提出了政策建议。常修泽（2020）认为完整意义上的"东北转型"实质包含了"三位一体"的理论含义：走出僵化体制的"锈带"，走出板结封闭结构的"锈带"，走出非现代性文明方式的"锈带"。

东北振兴过程中政府与市场的关系也得到了持续的关注。迟福林（2005）认为，政府转型重要的是以下两个方面：一方面，政府理念的转变，政府必须以公共服务为中心，实现公共政策的转型；另一方面，要形成改革的大环境，营造改革的氛围，这样才能为政府转型提供不断的动力。蒋寒迪、陈华（2005）认为东北经济的振兴关键在于政府体制的制度变迁。金凤君、陈明星（2010）认为未来东北地区区域政策的重点应强调以下四个方面内容：产业结构优化升级与国企改革，省际区增长极与产业空间布局，社会和谐发展与基础设施建设，改革开放与区域合作机制建设。此外，研究东北振兴的角度还包括金融支持（成思危，2004；李世鹏等，2017）、对外开放（王珏，2004；赵峥，2021；赵晋平，2020）、科技创新（李悦等，2004；董文良等，2020）、创业环境优化（徐杨，2017）和城市化（张平宇，2013）等。

（二）东北振兴指标体系及评价研究

指标体系是测度东北老工业基地振兴的不同侧面，对东北振兴能够起到一定的量化引导作用。但在现实中，对于指标体系的单独研究相对较少，更多的是与绩效评价、可持续发展评价等问题组合在一起展开研究。佟伟伟等（2006）根据东北地区的特点及设计指标体系时应遵循的原则，设计出东北老工业基地指标体系的基本框架，主要包括经济、社会、资源和环境四个方面。刘凤朝等（2010）通过对辽宁省75位专家的问卷调查，对老工业基地振兴以来的政策绩效进行了评价。结果显示，振兴战略实施以来，辽宁老工业基地经济发展速度加快，综合实力明显增强。李凯等（2017、2018、2020）以"完善机制体制、推进结构调整、鼓励创新创业、保障和改善民生"四个着力为着眼点，以《中共中央 国务院关于全面振兴东北地区等老工业基地的若干意见》等政策为依据，设计出涵括"政府治理""企态优化""区域开放""产业发展""创新创业""社会民生"六个方面的东北振兴评价指标体系。王晓玲（2016）以东北城市全面转型为切入点，指出东北城市转型指标体系重在评价产业结构调整、城市创新和公共服务均等化。王伟等（2020）基于高质量发展的内涵，结合东北地区的区域特色，构建了有效性、稳定性、协调性、创新性、持续性和分享性六个维度的34项指标来测度东北地区的发展现状。温家隆等（2020）根据《东北地区振兴规划》《东北振兴"十二五"规划》《东北振兴"十三五"规划》的主要指标，从影响区域规划实施的经济、社会、生态、区域协同与带动四个方面构建了东北振兴规划实施成效评价指标体系，并得出了经济结构、科技创新投入等重点指标完成度低，忽视区域协调发展等重要结论。

此外，由于东北地区资源型城市众多，可持续发展问题成为一个关注焦点，学术界围绕着可持续发展能力展开了一些研究。仇方道等（2009）基于 MFA 和 DEA 方法对东北地区矿业城市的可持续发展能力进行了评价。车晓翠、张平宇（2012）以大庆市为研究对象，从资源产业持续发展能力、接续替代产业发展能力和产业转型支持能力三个方面构建了资源型城市产业可持续发展能力评价模型及评价指标体系。苏飞、张平宇（2009）根据经济发展、资源—能源消耗及环境污染的相互关系，利用三角模型工具分析评估大庆市经济可持续发展状况和长期趋势。赵林等（2014）从经济、资源环境和社会三方面构建城市脆弱性综合评价体系，运用综合指数法和 GIS 手段对东北振兴政策实施以来东北地区的城市脆弱性时空格局演变进行分析。Li 等（2020）运用动态耦合协调分析方法，分别从经济社会和生态环境两个方面选取指标，分析了东北地区资源型城市的协调发展情况，并给出了参考建议。Lu 等（2016）分别从经济、社会、环境三个方面构建评价指标并分析了东北地区资源型城市的可持续发展水平。Li 等（2021）首先从经济、社会、环境三个方面选取指标评价了沈阳市近 30 年的可持续发展动态，然后运用灰色关联度的方法分析了影响沈阳可持续发展的关键因素。Yi 等（2018）将多属性决策与随机模拟方法相结合，对辽宁省地级市 2010~2016 年的可持续发展水平进行了评价分析，在此基础上，进一步对其未来发展态势进行了预测。李恒吉等（2021）从城市经济、社会、生态环境及综合维度构建指标体系，对东北地区 34 个地级市城市可持续发展能力和耦合协调度时空演化过程和空间分析格局进行了研究，致力于综合测度东北地区城市可持续发展能力，服务东北振兴战略。张倩等（2020）从经济、能源、环境方面构建指标体系，并利用系统动力学建立可持续发展模型，得出东北三省地区的经济—能源—环境系统的长期发展是不可持续的，但可通过增加固定资产和环保投资来改善环境质量，实现可持续发展的重要结论。

（三）总体评述

综上可知，现有研究对东北地区老工业基地振兴思路及评价指标体系展开了较为深入的探讨，并积累了丰硕的研究成果，对东北地区的振兴能够起到积极的参考作用。然而，这些依然是初步的研究成果，尚有很多需要完善的地方，尤其是关于东北老工业基地全面振兴指标体系的专项研究相对较少，且在已有的研究中，指标体系虽在东北振兴的大框架下设计，但设计过程中缺乏与其他地区的比较研究，使得设计出的指标体系具有明显的地域特征。此外，受限于指标信息严重滞后、对应指标缺失或数据残缺等问题，指标体系的设计过程与当前国家政策的关联度不够紧密，这些成为实践中亟待解答的重要问题，也是本书着力研究的重点。综合而言，已有研究并不能涵括东北地区全面振兴评价中的多种需求，当前的不足主要集中在以下两个方面：

1. 指标体系的设计具有明显的地域特征，缺乏与全国其他地区的对标比较

东北振兴评价指标体系通常在东北振兴的大框架下展开，衡量的是东北老工业基地振兴过程中关注的重点问题，这对于实现东北振兴测度十分必要。但是，东北振兴的原因是东北地区的发展远落后于全国发达地区，尤其是东部沿海地区，目的是通过振兴缩减东北地区与发达地区的发展差距，因而发达地区的发展指标对于东北地区具有重要的参考价值，在东北全面振兴评价指标体系设计的实践中有需要也有必要参照其他发达地区（尤其是对标省份）的重点关注指标。

2. 现有评价指标体系的设计过程中对当前国家战略政策的聚焦度有待进一步提升

现有研究通常是在东北振兴的主题背景下从较宽泛的维度构建评价指标体系，如经济、社会、环境等。这类研究的优点是能够保证指标的普适性及指标数据的可获取性，缺点是与东北振兴战略及国家发展过程中的重要规划、政策等紧密度不足。构建评价指标的目的在于对东北振兴进程中的问题、现状及进展进行全面、及时测度，因而评价指标的构建过程应及时对接最新的国家、地区战略政策，以保证最终评价结果的时效性。

第四节 研究思路

鉴于以上分析，并结合近几年的实践经验，本书认为不能仅考虑东北地区的现状构建评价指标体系。具体而言，在指标体系的构建过程中，不仅需要充分考虑东北地区自身的特征及现状，还要结合对标省份的重点发展指标及当前的国家、地区战略及政策制定相应的指标体系。因而，本书将以地方政府发展报告中的关键指标为基础，基于数据驱动技术并通过东北与东南（对标地区与省份）的对比分析，提取与构建东北全面振兴指标体系，并在此基础上，构建东北地区全面振兴指数，实现对东北振兴的动态测度与预判。该研究可有效提升东北全面振兴指标体系的问题针对性能力，是对现有评价指标体系及其构建方法的有益补充，能够实现对东北振兴的全面测度与预判。

本书的研究思路归纳总结如下：

（1）东北地区政府工作报告关键指标提取。首先，基于 2016～2021 年辽宁、吉林、黑龙江三省的政府工作报告及东北三省 34 个地级市的政府工作报告，提取关键指标；其次，采用文本提取及合并技术，从关键指标中发现东北地区振兴发展过程中关注的重点指标。

（2）对标先进地区政府工作报告关键指标提取。在此基础上，提取东北振兴对标省份江苏、浙江、广东三省及其地级市政府工作报告中的关键指标，并通过文体处理技术找寻上述地区发展中的重点指标。

（3）东北地区全面振兴评价"融合性"指标体系构建。进一步地，通过东北地区重点指标与对标省份及地级市的对比分析，并结合《东北全面振兴"十四五"实施方案》《中华人民共和国国民经济和社会发展第十四个五年规划和2035 年远景目标纲要》及"创新、协调、绿色、开放、共享"等相关政策及发展理念，对东北地区全面振兴评价指标体系进行补充与完善，最终形成一套既能够反映东北振兴当前工作重点又能够兼顾未来发展规划的评价指标体系。该评价指标体系的构建思路对特定主题背景下（如营商环境优化、国有企业改革等）评价指标体系的构建与设计具有普遍的适用性。

（4）基于东北振兴指数的动态测度与预判。构建东北全面振兴指标体系的最终目的在于测度，以通过科学评价实现以评促建的目标。因而，本书进一步运用指标体系构建东北振兴指数，对东北地区 2011～2019 年的发展状况进行总体评价；在此基础上，运用随机聚合模拟方法形成综合优胜指数，实现对 2020～2025 年（"十四五"期间）东北地区发展轨迹的综合预判。

综上所述，对本书关于东北地区全面振兴指标体系及动态测度的构建思路进行归纳总结，具体如图 1-2 所示。

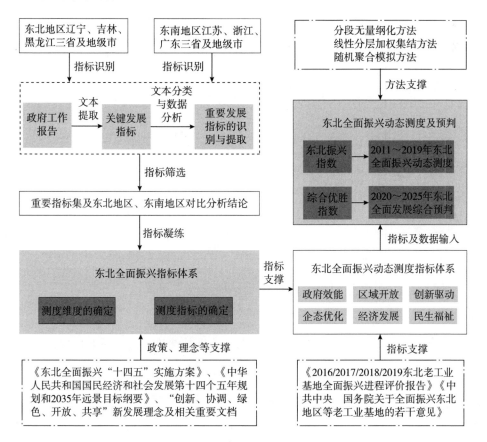

图 1-2　本书的研究思路框架

第五节　研究内容

基于以上研究思路构建本书的研究内容，具体如图1-3所示。

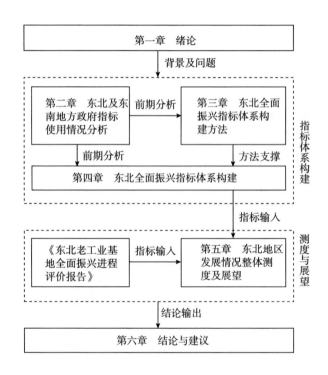

图1-3　研究内容框架

由图1-3可以看出，本书共包括六章，分别从绪论、指标体系构建、东北全面振兴测度与展望、结论与建议四个方面展开研究。

绪论部分（第一章）对本书的研究背景、研究问题、研究现状、研究思路、研究内容、研究意义展开了详细的论述。指标体系构建部分是本书的重点内容，首先分别从政府工作报告中指标使用总量情况、非重复性指标使用情况、关键指标分析、关键主题分析四个方面对比了东北和东南地方政府的指标使用情况（第二章）；其次从指标体系构建思路与原则、指标体系整体架构及评价指标的筛选流程三个方面阐述了东北全面振兴指标体系的构建方法（第三章）；最后凝练总结出"经济发展""政府效能""创新驱动""区域开放""安全保障""民生福祉"六个维度，构建东北全面振兴的指标体系（第四章）。东北全面振兴测度与展望部分（第五章），鉴于对指标数据可获取性的考虑，结合本书及《2016/2017/2018/2019 东北老工业基地全面振兴进程评价报告》中构建的指标体系，采用分段无量纲化方法及线性分层加权的方法构建东北振兴指数，据此对 2011～2019 年东北全面振兴进行动态测度；然后采用随机聚合模拟的方法构建综合优胜指数化，对东北地区 2020～2025 的振兴发展进行综合研判。结论与建议部分（第六章），总结指标体系构建及东北全面振兴动态测度与展望过程中发现的问题，给出了诸如"东北地区加大改革力度，建立'循数治理'长效机制，以数字化赋能政务服务""构建'东北全面振兴指数'，搭建监测平台，发布动态评价报告，释放评价工作的定位、聚焦、引导、推动价值""增加东北地区全面振兴的'活力性'和'深度化'指标，更好实现'以评促建'"等主要结论与建议。

第六节　研究意义

为了实现全面振兴、全方位振兴，国家在政策和资金等方面给予了东北地区大力支持，社会各界也给予东北前所未有的关注，东北各级政府更是"撸起袖子加油干"，希冀在新一轮振兴中有所作为。然而，在振兴战略如火如荼推进之际，如何研判东北全面振兴进展，客观反映东北振兴进程？怎样清晰刻画东北经济社会发展中的短板，然后精准施策？一系列现实问题摆在我们面前。上述问题有效解决的基础在于科学合理的指标体系，以实现对东北地区振兴的全面测度。因而，综合考虑东北振兴的时代背景，在对东北振兴的政策环境、区域环境等进行深入研究的基础上，创建东北地区全面振兴指标体系，不仅是东北振兴进程跟踪评价、发现问题、政策制定等的基础，而且对于振兴进程中的地方行为及关注侧重点具有重要的现实引导意义。

然而，概观已有研究，与实践迫切需求不相匹配的是，虽然理论上关于东北振兴的研究近年来取得了丰硕的成果，但尚缺乏系统性的、能够全面反映东北地区全面振兴进程的评价指标体系，这已成为一个重要的理论缺口。如此一来，必然难以有效解释东北地区振兴关键点的选择，难以为东北地区的创新发展及全面振兴提供有效指导。因此，通过关注东北地区发展的复杂性和特殊性，基于地方政府发展报告及相关政策规划等溯源东北地区问题出现的本质原因，构建一个能够反映区域特殊性的东北地区全面振兴指标体系是十分有必要的。指标体系的构建过程中，突出了东北地区与对标省份的对比分析，这不仅可以明晰东北地区振兴的主要关注点及特色，而且可以通过对比分析进一步明确制约东北全面振兴的主要障碍。该研究可为进一步深入探究有利于东北全面振兴的制度设计提供有益参考，研究结论对促进东北地区全面振兴有着重要的理论价值和现实意义。

第二章　东北及东南地方政府
指标使用情况分析

通过采集 2016~2021 年东北地区①辽宁、吉林、黑龙江及东南地区江苏、浙江、广东（对口合作省份）等各级人民政府的工作报告，提取其中的指标信息，得到 81676 条数据，其中东北地区 31446 条，东南地区 50230 条，省级人民政府 9209 条，地市级人民政府 72467 条。在此数据基础上，通过东北与东南地区的对比，形成本章对于指标使用总量、非重复性指标使用数、关键指标及关键主题等内容的分析。

第一节　地方政府指标使用总量情况

该部分首先从指标使用的总量层面，对东北及东南地区各级政府指标的使用情况进行对比分析。在此基础上，进一步对东北和东南地区重要城市指标的使用情况、东北地区地级市指标的使用情况进行了细化分析。

---

① 在本书的分析中，东北地区仅指辽宁、吉林、黑龙江三个省份，暂未考虑内蒙古东部地区。

（一）总体分析

基于东北三省（辽宁、吉林、黑龙江）和东南三省（江苏、浙江、广东）的政府工作报告，各省份在2016~2021年政府工作报告中运用指标使用情况进行对比，结果如表2-1和图2-1所示。

表2-1　2016~2021年东北地区及东南地区指标使用情况

地区	省份	省级总数（个）	地市级平均（个）
东北	辽宁	13359	843
	吉林	7530	813
	黑龙江	10557	743
平均值	—	10482	799
东南	江苏	14327	1017
	浙江	13624	1051
	广东	22279	975
平均值	—	16743	1014

由表2-1及图2-1可以看出：

（1）2016~2021年，在省级层面的指标使用上，东北地区平均值为10482个，东南地区平均值为16743个，东南是东北的1.6倍。

（2）2016~2021年，在地市级层面的指标使用上，东北地区平均值为799个，东南地区平均值为1014个，东南是东北的1.27倍。东南地区的浙江省，其地市级平均指标使用量为1051个，跟东北地区最高的辽宁省地市级（843个）相比，高出208个，与最低的黑龙江地市级（743个）相比，高出308个。

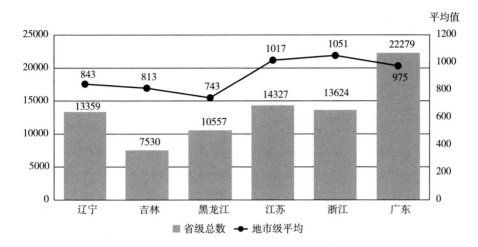

图 2-1　省级及地市级政府指标平均使用情况

（3）总量上，东北地区运用了 31446 个指标，东南地区运用了 50230 个指标，东北与东南相差 18784 个，占东北地区指标的 59.7%，接近 60%。

总体而言，无论是从省级或地市级总量还是从其平均量上来看，东北地区都与东南地区有相当大的差距，从整体上反映出，两个地区在"循数管理"能力上的显著差异。

（二）年度分析

在总体分析的基础上，进一步按年份统计了东北及东南各省份指标的使用情况，如表 2-2 所示。

表 2-2　东北及东南地区各省份年度指标使用情况

地区	省份	统计分类	2016 年	2017 年	2018 年	2019 年	2020 年	2021 年
东北	辽宁	省级总数	2029	2191	2263	2119	2120	2637
		地市级平均	135	138	142	127	130	171
	吉林	省级总数	1399	1136	1072	1565	1139	1219
		地市级平均	155	115	119	174	118	132
	黑龙江	省级总数	1942	1838	1834	1642	1464	1837
		地市级平均	135	129	127	116	102	135

续表

地区	省份	统计分类	2016 年	2017 年	2018 年	2019 年	2020 年	2021 年
东南	江苏	省级总数	2498	2606	2273	2375	2339	2236
		地市级平均	172	182	167	177	159	161
	浙江	省级总数	2052	2025	2075	2276	2434	2762
		地市级平均	165	169	163	173	177	204
	广东	省级总数	3637	3785	3770	4002	3440	3645
		地市级平均	162	163	166	172	150	161

为了便于观察，图 2-2 绘制了东北及东南各省份政府工作报告中指标使用的年度（2016~2021 年）变化趋势；图 2-3 绘制了不同省份地市级指标平均值使用数量的年度变化趋势。

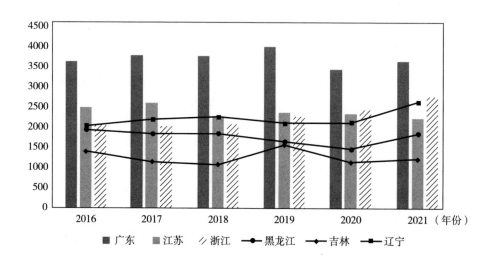

图 2-2　2016~2021 年东北及东南地区各省份指标使用总量变化

结合表 2-2 和图 2-2 可以看出：

（1）2016~2021 年，大部分情况下，东南三省使用的指标总量高于东北地区，仅辽宁省的指标在 2017 年和 2018 年高于浙江省，2021 年高于江苏省。

（2）广东省在 2016~2021 年使用指标的总量明显多于其他省份。

（3）东北三省中只有辽宁省使用的指标数量在近6年呈现波动上升趋势，且在2021年超越了江苏省，吉林省和黑龙江省的指标使用量一直低于东南三省。

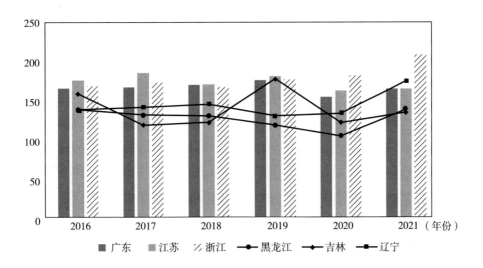

图2-3　2016~2021年地市级指标平均值年度变化

结合表2-2和图2-3可以看出：

（1）2016~2021年，仅浙江省和辽宁省地市级指标的平均使用数量呈现波动上升的趋势，黑龙江省地市级指标平均使用数量保持持平，其他省份呈现出少量的下降趋势。

（2）在东北三省中，辽宁省地市级指标的平均使用数量整体上优于吉林省（除2016年和2019年外）和黑龙江省。

（三）重要城市对比分析

该部分选取东北及东南地区9个重要城市，分别为大连、广州、哈尔滨、杭州、南京、深圳、沈阳、苏州、长春，进一步对比分析重要城市在不同年度的指标数量使用情况。各城市2016~2021年度指标的使用情况统计如表2-3所示。

表 2-3　重要城市指标的年度使用情况　　　　　　单位：个

城市	2016 年	2017 年	2018 年	2019 年	2020 年	2021 年
沈阳	117	83	124	183	173	237
大连	133	161	119	159	149	137
长春	128	85	113	76	100	100
哈尔滨	153	173	84	161	93	153
南京	184	223	160	157	147	192
苏州	324	314	318	174	191	178
杭州	231	211	224	212	180	296
广州	197	220	243	245	211	222
深圳	269	261	220	206	128	139

为了便于观察，图 2-4 进一步绘制了东北及东南地区重要城市政府工作报告中指标使用数量的年度变化情况。

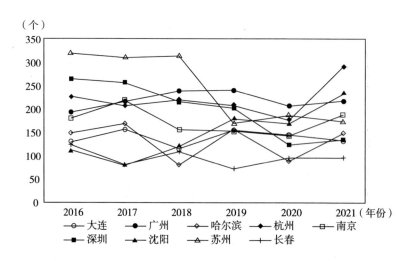

图 2-4　重要城市指标使用数量年度变化

结合表 2-3 和图 2-4 可以看出：

（1）2016~2018 年，东北地区 4 个城市指标的使用数量均少于东南地区的 5 个城市。

（2）从 2019 年开始，沈阳使用的指标数量高于部分东南地区的城市，例如，2019 年高于南京和苏州，2020 年高于南京和深圳，2021 年高于南京、深圳、苏州和广州。

（3）大连、广州、杭州、南京和沈阳 5 个城市指标的使用数量呈现波动上升趋势，其中沈阳的增幅最大，是东北地区在指标使用数量上表现较好的重点城市，从这一侧面反映出，在政府工作层面，沈阳市在东北振兴的进程中专注的深度与广度在持续加强。

（四）东北地区地级市分析

在省级总体及地市级平均指标使用数量分析的基础上，该部分进一步统计了东北地区各地级市指标的使用情况，如表 2-4 所示。

表 2-4 东北地区地级市指标使用情况

辽宁	指标数	吉林	指标数	黑龙江	指标数
鞍山	773	白城	622	大庆	660
本溪	981	白山	879	哈尔滨	817
朝阳	789	吉林	792	鹤岗	545
大连	858	辽源	810	黑河	746
丹东	895	四平	820	鸡西	742
抚顺	934	松原	904	佳木斯	555
阜新	865	通化	1073	牡丹江	853
葫芦岛	773	长春	602	七台河	561
锦州	764	—	—	齐齐哈尔	1057
辽阳	812	—	—	双鸭山	871
盘锦	840	—	—	绥化	701
沈阳	917	—	—	伊春	805
铁岭	821	—	—	—	—
营口	777	—	—	—	—

为了便于观察，图2-5绘制了东北地区各地级市指标使用数量的变化情况。由表2-4和图2-5可以看出：

（1）辽宁省本溪市在2016~2021年使用的指标总数最多（981个），鞍山市和葫芦岛市的指标总数最少（773个）；吉林省指标使用数量最多的为通化市（1073个），最少的为长春市（602个）；黑龙江省最多的为齐齐哈尔市（1057个），最少的为鹤岗市（545个）。

（2）从地级市指标数量差异的视角看，辽宁省不同地级市指标使用数量之间的差异最小（标准差为68.5），其次为黑龙江省（标准差为151.6）和吉林省（标准差为152.0）。

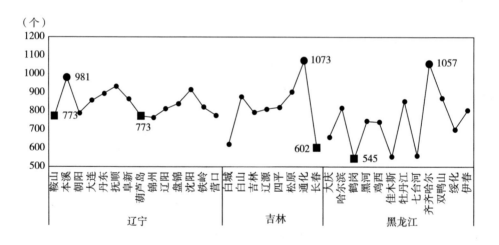

图2-5 东北地区各地级市指标使用数量的变化

表2-5汇总了东北地区地级市在2016~2021年指标的使用情况。本书进一步统计了表2-5中所有地级市及按省域分布的各地级市指标使用量呈现上升的次数与占比情况，结果如表2-6所示。

表2-5　东北地区地级市指标年度使用情况

省份	地市级	2016 年	2017 年	2018 年	2019 年	2020 年	2021 年
辽宁	鞍山	128	114↓	175↑	167↓	91↓	98↑
	本溪	176	138↓	140↑	129↓	179↑	219↑
	朝阳	103	104↑	116↑	65↓	113↑	288↑
	大连	133	161↑	119↓	159↑	149↓	137↓
	丹东	103	166↑	201↑	116↓	146↑	163↑
	抚顺	166	202↑	183↓	167↓	123↓	93↓
	阜新	150	130↓	153↑	121↓	161↑	150↓
	葫芦岛	179	162↓	109↓	150↑	66↓	107↑
	锦州	86	127↑	174↑	81↓	112↑	184↑
	辽阳	108	143↑	139↓	83↓	105↑	234↑
	盘锦	120	130↑	124↓	137↑	125↓	204↑
	沈阳	117	83↓	124↑	183↑	173↓	237↑
	铁岭	175	136↓	96↓	152↑	132↓	130↓
	营口	143	135↓	132↓	67↓	149↑	151↑
吉林	白城	137	128↓	119↓	118↓	62↓	58↓
	白山	186	129↓	197↑	256↑	44↓	67↑
	吉林	104	91↓	83↓	160↑	156↓	198↑
	辽源	80	102↑	105↑	308↑	111↓	104↓
	四平	261	116↓	91↓	128↑	105↓	119↑
	松原	153	140↓	78↓	192↑	169↓	172↑
	通化	188	131↓	168↑	153↓	198↑	235↑
	长春	128	85↓	113↑	76↓	100↑	100→
黑龙江	大庆	116	141↑	64↓	124↑	90↓	125↑
	哈尔滨	153	173↑	84↓	161↑	93↓	153↑
	鹤岗	88	60↓	72↑	105↑	85↓	135↑
	黑河	172	147↓	85↓	107↑	101↓	134↑
	鸡西	141	179↑	105↓	88↓	104↑	125↑
	佳木斯	101	81↓	113↑	78↓	88↑	94↑
	牡丹江	145	147↑	222↑	144↓	63↓	132↑
	七台河	75	70↓	102↑	58↓	85↑	171↑
	齐齐哈尔	185	183↓	185↑	166↓	145↓	193↑

省份	地市级	2016 年	2017 年	2018 年	2019 年	2020 年	2021 年
黑龙江	双鸭山	138	94 ↓	163 ↑	135 ↓	176 ↑	165 ↓
	绥化	213	152 ↓	73 ↓	100 ↑	79 ↓	84 ↑
	伊春	97	115 ↑	254 ↑	122 ↓	111 ↓	106 ↓

注：符号"↑"代表当年的指标使用数量较上一年有所增长；"↓"代表当年的指标使用数量较上一年有所下降；"→"代表当年的指标使用数量较上一年持平。

表 2-6　地市级指标使用数量呈现上升个数及占比

统计范围	统计量	2017 年	2018 年	2019 年	2020 年	2021 年
所有地市级	个数	13	18	15	13	25
	占比	38.2%	52.9%	44.1%	38.2%	73.5%
辽宁省地市级	个数	7	7	5	7	10
	占比	50.0%	50.0%	35.7%	50.0%	71.4%
吉林省地市级	个数	1	4	5	2	5
	占比	12.5%	50.0%	62.5%	25.0%	62.5%
黑龙江省地市级	个数	5	7	5	4	10
	占比	41.7%	58.3%	41.7%	33.3%	83.3%

由表 2-6 可以得出如下主要结论：

（1）2017 年、2018 年，东北地市级指标使用数量有所提升（辽宁省地市级持平）。

（2）2019 年，除吉林省地市级指标使用数量有所提升外，辽宁省、黑龙江省及整个东北地区地市级指标使用数量均有所下降。

（3）2020 年，除辽宁省地市级指标使用数量有所提升外，吉林省、黑龙江省及整个东北地区地市级指标使用数量均有所下降，尤其吉林省地市级的下降幅度较大。

（4）2021 年，东北地区及各省份地市级中指标使用数量均有较大程度的提升。

（五）主要结论

综合以上分析可以得出以下四个方面的主要结论：

（1）2016~2021 年，东北三省在政府工作报告中使用指标的总量普遍低于东南三省，且整体差距较大。

（2）在东北三省中，辽宁省工作报告中使用的指标总量普遍高于吉林省和黑龙江省，且随年份呈现波动上升的趋势。

（3）2016~2021 年，在东北及东南重要城市中，东北地区沈阳市指标使用数量的增幅较为明显，2021 年的使用量仅次于杭州，在 9 个重要城市中位列第二。

（4）2021 年，作为"十四五"规划的开局之年，东北地区的 34 个地级市中，25 个（占比 73.5%）地级市指标的使用数量均有明显增加。

第二节　地方政府非重复性指标使用情况

该部分在第一节的基础上，对重复指标进行去重与合并处理，得到非重复性指标。非重复性指标能更好地反映出政府工作中使用指标的多样性，是衡量工作广度的重要参数。以下将统计东北及东南地区非重复性指标的使用情况，并进一步对东南和东北地区重要城市、东北地区各地级市非重复性指标的使用情况进行细化分析。

（一）总体分析

统计 2016~2021 年东北三省（辽宁、吉林、黑龙江）和东南三省（广东、江苏、浙江）使用的非重复性指标的总数，结果如表 2-7 和图 2-6 所示。

表 2-7　2016~2021 年各省份非重复性指标使用情况

地区	省份	省级总数（个）	地市级平均（个）
东北	辽宁	4769	529
	吉林	2787	469
	黑龙江	3988	459
平均值	—	3848	486
东南	江苏	4992	580
	浙江	4489	629
	广东	6735	562
平均值	—	5405	590

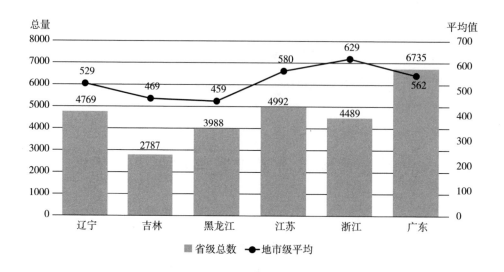

图 2-6　省级及地市级政府非重复性指标平均使用情况

由表 2-7 和图 2-6 可以看出：

（1）东南三省（包含省级和地市级）使用的非重复性指标的平均数量明显高于东北三省。

（2）东北地区辽宁省使用的非重复性指标数量最多（4769 个），但仅略高于东南地区使用非重复性指标数量最少的浙江省（4489 个）。

（3）东南地区广东省使用的非重复性指标数量最多（6735 个），是东北地区吉林省使用的非重复性指标数量（2787个）的2.4倍。

（4）东南三省地市级非重复性指标的平均使用数量均高于东北地区地市级的使用数量。

（二）年度分析

在非重复性指标使用总量比较的基础上，表2-8进一步统计了东北及东南地区6个省份及各地市级在不同年度使用非重复性指标的数量。

表2-8　东北及东南地区各省份及各地市级不同年度非重复性指标使用情况

地区	省份	统计分类	2016年	2017年	2018年	2019年	2020年	2021年
东北	辽宁	省级总数	1196	1203	1216	1174	1176	1492
		地市级平均	116	117	119	110	114	146
	吉林	省级总数	832	656	668	880	698	767
		地市级平均	126	100	103	132	101	114
	黑龙江	省级总数	1122	1077	1098	972	833	1072
		地市级平均	114	109	109	100	90	117
东南	广东	省级总数	1844	1896	1966	2059	1843	1741
		地市级平均	131	133	140	143	129	124
	江苏	省级总数	1309	1433	1327	1413	1311	1237
		地市级平均	134	144	134	146	131	130
	浙江	省级总数	1024	1103	1168	1206	1320	1388
		地市级平均	135	138	143	147	152	169

为了便于观察，图2-7绘制了不同省份非重复性指标（省级总数）在2016~2021年的变化情况；图2-8绘制了不同省份地市级非重复性指标平均使用数量的变化情况。

结合表2-8和图2-7可以得出以下结论：

（1）广东省在2016~2021年使用的非重复性指标数量均高于东北三省。

（2）江苏省在2016~2020年使用的非重复性指标数量高于东北三省，在2021年高于吉林省和黑龙江省，但被辽宁省反超。

（3）浙江省使用的非重复性指标数量较吉林省和黑龙江省具有明显优势，但仅在 2019 年和 2020 年略高于辽宁省。

（4）东北三省中，只有辽宁省使用的非重复性指标数量呈现上升趋势，尤其在 2021 年的增幅较明显。

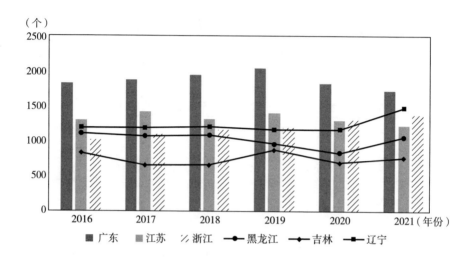

图 2-7　2016~2021 年省级非重复性指标年度变化

结合表 2-8 和图 2-8 可以得出以下结论：

（1）2016~2020 年，东南三省地市级使用的非重复性指标平均数量均高于东北三省地市级。

（2）2021 年，东南地区的浙江省地市级使用的非重复性指标平均数量高于东北三省地市级，广东省和江苏省地市级使用的非重复性指标平均数量高于吉林省和黑龙江省地市级，但低于辽宁省地市级。

（3）东北地区只有辽宁省地市级使用的非重复性指标平均数量在 2016~2021 年呈现出波动上升的趋势，尤其在 2021 年的增幅最大。

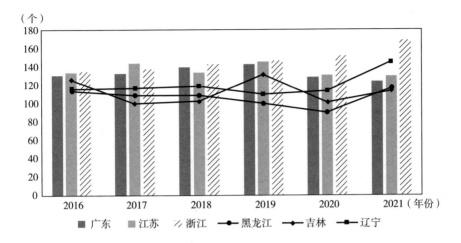

图 2-8 2016～2021 年地市级非重复性指标年度变化

（三）重要城市对比分析

2016～2021 年东北及东南地区 9 个重要城市在不同年度非重复性指标的使用情况如表 2-9 所示。

表 2-9 重要城市非重复性指标的年度使用情况

城市	2016 年	2017 年	2018 年	2019 年	2020 年	2021 年
沈阳	105	77	116	156	146	213
大连	112	138	111	144	135	123
长春	114	73	92	67	86	90
哈尔滨	130	154	75	137	87	111
南京	151	194	131	140	127	166
苏州	129	124	133	147	166	157
杭州	191	165	183	174	154	230
广州	174	182	205	216	190	192
深圳	216	210	178	171	107	108

为了便于观察，图 2-9 进一步绘制了不同城市非重复性指标使用数量的年度变化情况。

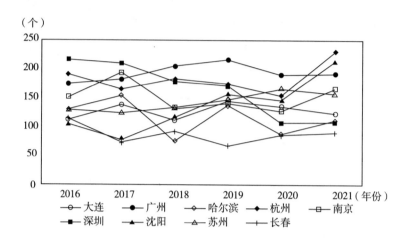

图 2-9　重要城市非重复性指标使用数量的年度变化

结合表 2-9 和图 2-9 可以看出：

（1）2016 年和 2018 年，东南地区 5 个城市非重复性指标的使用数量均高于东北地区的 4 个城市。

（2）2017 年，东北地区有 2 个城市（哈尔滨和大连）非重复性指标的使用数量超过了东南地区的苏州。

（3）从 2019 年开始，东北地区的沈阳和大连非重复性指标的使用数量超过部分东南地区的城市，例如，2019 年超过了苏州和南京，2020 年超过了南京和深圳，2021 年超过了除杭州以外的其他 4 个城市。

（4）在东北地区内部，从 2018 年开始，沈阳市非重复性指标的使用数量均超过了其他 3 个城市，且差距越来越明显。

（四）东北地区地级市分析

在省级总体及地市级平均非重复性指标使用数量分析的基础上，该部分进一步统计了东北地区各个地级市非重复性指标的使用情况，如表 2-10 所示。

表 2-10　东北地区地级市非重复性指标使用情况

辽宁省	指标数	吉林省	指标数	黑龙江省	指标数
鞍山	547	白城	355	大庆	458
本溪	<u>625</u>	白山	492	哈尔滨	524
朝阳	<u>477</u>	吉林	496	鹤岗	363
大连	587	辽源	467	黑河	458
丹东	519	四平	<u>553</u>	鸡西	450
抚顺	555	松原	505	佳木斯	<u>358</u>
阜新	527	通化	542	牡丹江	476
葫芦岛	480	长春	<u>345</u>	七台河	405
锦州	479	—	—	齐齐哈尔	<u>601</u>
辽阳	507	—	—	双鸭山	482
盘锦	519	—	—	绥化	465
沈阳	578	—	—	伊春	462
铁岭	534	—	—	—	—
营口	478	—	—	—	—

为了便于观察，图 2-10 绘制了东北地区不同地级市非重复性指标使用数量的变化情况。由表 2-10 和图 2-10 可以看出：

（1）辽宁省本溪市在 2016～2021 年使用的非重复性指标总数最多（625 个），朝阳市的非重复性指标总数最少（477 个）；吉林省非重复性指标使用数量最多的为四平市（553 个），最少的为长春市（345 个）；黑龙江省最多的为齐齐哈尔市（601 个），最少的为佳木斯市（358 个）。

（2）从地级市非重复性指标数量差异的视角来看，辽宁省不同地级市非重复性指标使用数量之间的差异最小（标准差为 45.5），其次为黑龙江省（标准差为 65.8）和吉林省（标准差为 78.7）。

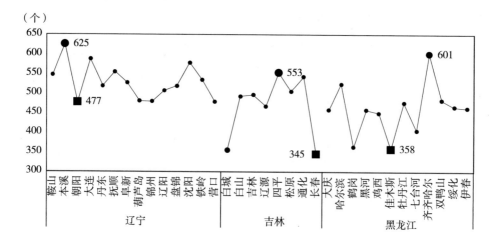

图 2-10　东北地区地级市非重复性指标使用数量的变化

进一步地，表 2-11 汇总了东北地区地级市在 2016~2021 年不同年度非重复性指标的使用情况。

表 2-11　东北地区地级市非重复性指标年度使用情况

省份	地级市	2016 年	2017 年	2018 年	2019 年	2020 年	2021 年
辽宁	鞍山	121	107 ↓	149 ↑	148 ↓	77 ↓	84 ↓
	本溪	158	112 ↓	116 ↑	121 ↑	166 ↑	188 ↑
	朝阳	87	85 ↓	89 ↑	53 ↓	106 ↑	232 ↑
	大连	112	138 ↑	111 ↓	144 ↑	135 ↓	123 ↓
	丹东	95	141 ↑	161 ↑	104 ↓	127 ↑	146 ↑
	抚顺	155	167 ↑	153 ↓	140 ↓	100 ↓	83 ↓
	阜新	123	112 ↓	119 ↑	103 ↓	144 ↑	128 ↓
	葫芦岛	145	121 ↓	85 ↓	121 ↑	64 ↓	87 ↑
	锦州	68	111 ↑	139 ↑	68 ↓	99 ↑	154 ↑
	辽阳	89	127 ↑	120 ↓	69 ↓	86 ↑	188 ↑
	盘锦	103	106 ↑	111 ↑	121 ↑	112 ↑	181 ↑
	沈阳	105	77 ↓	116 ↑	156 ↑	146 ↓	213 ↑
	铁岭	155	116 ↓	87 ↓	131 ↑	112 ↓	113 ↑
	营口	109	111 ↑	112 ↑	56 ↓	125 ↑	125 →

续表

省份	地级市	2016 年	2017 年	2018 年	2019 年	2020 年	2021 年
吉林	白城	111	113 ↑	106 ↓	101 ↓	57 ↓	54 ↓
	白山	154	104 ↓	156 ↑	150 ↓	44 ↓	54 ↑
	吉林	80	83 ↑	79 ↓	135 ↑	138 ↑	161 ↑
	辽源	74	91 ↑	97 ↑	175 ↑	73 ↓	85 ↑
	四平	207	100 ↓	79 ↓	114 ↑	93 ↓	107 ↑
	松原	127	122 ↓	69 ↓	175 ↑	149 ↓	159 ↑
	通化	144	111 ↓	142 ↑	137 ↓	167 ↑	202 ↑
	长春	114	73 ↓	92 ↑	67 ↓	86 ↑	90 ↑
黑龙江	大庆	105	126 ↑	60 ↓	100 ↑	80 ↓	104 ↑
	哈尔滨	130	154 ↑	75 ↓	137 ↑	87 ↓	111 ↑
	鹤岗	76	52 ↓	66 ↑	103 ↑	82 ↓	121 ↑
	黑河	138	106 ↓	77 ↓	91 ↑	81 ↓	114 ↑
	鸡西	118	143 ↑	84 ↓	80 ↓	85 ↑	106 ↑
	佳木斯	86	69 ↓	106 ↑	72 ↓	80 ↑	82 ↑
	牡丹江	113	125 ↑	190 ↑	126 ↓	61 ↓	108 ↑
	七台河	68	65 ↓	91 ↑	52 ↓	78 ↑	152 ↑
	齐齐哈尔	163	155 ↓	163 ↑	141 ↓	117 ↓	180 ↑
	双鸭山	112	79 ↓	142 ↑	113 ↓	149 ↑	146 ↓
	绥化	173	126 ↓	64 ↓	87 ↑	75 ↓	78 ↑
	伊春	89	104 ↑	185 ↑	102 ↓	99 ↓	101 ↑

注：符号"↑"代表当年的非重复性指标使用数量较上一年有所增长；"↓"代表当年的非重复性指标使用数量较上一年有所下降；"→"代表当年的非重复性指标使用数量较上一年持平。

进一步统计表 2-11 中所有地级市及按省域分布的各地级市非重复性指标使用呈现上升的次数与占比情况，结果如表 2-12 所示。

表 2-12 地级市非重复性指标使用数量呈现上升个数及占比

统计范围	统计量	2017 年	2018 年	2019 年	2020 年	2021 年
所有地级市	个数	15	20	15	14	28
	占比	44.1%	58.8%	44.1%	41.2%	82.4%

续表

统计范围	统计量	2017 年	2018 年	2019 年	2020 年	2021 年
辽宁省地级市	个数	7	9	6	7	10
	占比	50.0%	64.3%	42.9%	50.0%	71.4%
吉林省地级市	个数	3	4	4	3	7
	占比	37.5%	50.0%	50.0%	37.5%	87.5%
黑龙江省地级市	个数	5	7	5	4	11
	占比	41.7%	58.3%	41.7%	33.3%	91.7%

由表 2-12 可以得出如下结论：

（1）2017 年、2018 年，东北地级市非重复性指标使用数量有所提升。

（2）2019 年，除吉林省地级市非重复性指标使用数量保持持平外，辽宁省、黑龙江省及整个东北地区地级市非重复性指标使用数量均有所下降。

（3）2020 年，除辽宁省地级市非重复性指标使用数量有所提升外，吉林省、黑龙江省及整个东北地区地级市非重复性指标使用数量均有所下降。

（4）2021 年，东北地区及各省份地级市中非重复性指标使用数量均有较大程度的提升，其中黑龙江省地级市的提升幅度最大。

（五）主要结论

综合以上分析可以得出以下四个方面的主要结论：

（1）2016~2021 年，东北三省在政府工作报告中使用非重复性指标的总量普遍低于东南三省，且整体差距较大。

（2）在东北三省中，辽宁省工作报告中使用的非重复性指标总量普遍高于吉林省和黑龙江省，且呈现逐年波动上升的趋势。

（3）2016~2021 年，在东北及东南地区主要城市中，东北地区沈阳市非重复性指标使用数量的增幅较为明显，2021 年的使用量仅次于杭州，在 9 个重要城市中位列第二。

（4）2021 年，作为"十四五"规划的开局之年，东北地区的 34 个地级市中，28 个（占比 82.4%）地级市非重复性指标的使用数量均有明显增加。

第三节　地方政府关键指标分析

该部分主要是从政府工作报告中提取东北及东南地区使用频率最高的前 100 项指标作为关键指标进行对比分析。首先，对东北及东南地区的关键指标进行介绍；其次，在此基础上，对东北及东南地区共同的关键指标进行分析；最后，进一步讨论了东北及东南地区的差异性关键指标。

（一）关键指标分析

按照非重复性指标在 2016~2021 年使用频次由高到低的顺序，提取前 100 项指标作为东北地区及东南地区的关键指标，结果如表 2-13 和表 2-14 所示。

表 2-13　东北地区的关键指标

关键指标	使用频次	关键指标	使用频次
地区生产总值	475	单位生产总值能耗	56
城镇登记失业率	338	新改扩建公办学校数	55
新增城镇就业人数	258	企业退休人员基本养老金月人均额	53
城镇居民人均可支配收入	233	财政民生支出占财政支出比重	52
固定资产投资额增长率	229	秸秆综合利用率	52
固定资产投资增长	214	进出口总额增长率	52
旅游总收入年均增长率	213	引进各类人才人数	51
城乡居民人均可支配收入	212	家庭农场新增数	50
社会消费品零售总额增长率	212	城市森林覆盖率	49
一般公共预算收入增长率	210	政务服务事项网上实办率	49

关键指标	使用频次	关键指标	使用频次
社会消费品零售总额	194	"个转企"户数	48
规模以上工业企业新增数	188	居民人均可支配收入年均增长率	46
改造农村危房户数	158	水土流失治理面积	46
一般公共预算收入	151	完成造林绿化面积	45
高新技术企业新增数	149	调减玉米种植面积	44
粮食产量	147	普惠性幼儿园在园幼儿占比	44
亿元以上项目新开工数	144	植树造林面积	44
城镇居民、农村居民人均可支配收入	142	规模以上工业企业新增数	42
人大代表议案、建议办理率	137	进出口总额	42
城镇就业人数	130	改造老旧小区数	41
贫困村脱贫"销号"数	127	技术合同成交额增长	41
规模以上工业增加值数	126	科技型中小企业新增数	41
棚户区改造新开工数	120	人工造林、封山育林、森林抚育面积	41
千万元以上项目数	116	引进内外资额	41
全市地区生产总值增长率	116	造林绿化面积	41
实际利用外资额增长率	115	"小升规"企业数	40
地方财政收入	109	出台政策措施数	40
电子商务交易额	93	农村饮水安全工程改造数	39
脱贫贫困人口数	93	土地流转面积占比	39
城乡最低生活保障标准	91	刑事案件发案下降率	39
外贸进出口总额增长率	89	亿元以上项目投产数目	39
居民消费价格指数涨幅	88	实际利用外资额	38
老旧小区改造户数	88	外贸进出口额	38
规模以上工业增加值增长率	84	新增停车泊位数	38
政协提案办结数	83	PM2.5平均浓度	37
拆除违法建设面积	79	查处违法案件数	37
新增企业数	79	民生支出占财政支出比重	37
粮食总产量	78	棚户区改造户数	37
转化科技成果项数	78	全年接待国内外游客人次	37

续表

关键指标	使用频次	关键指标	使用频次
贫困人口精准脱贫数	73	新增（更新）新能源公交车辆数	37
淘汰老旧车、黄标车数	73	项目签约落地数	36
高标准农田建设面积	72	新改扩建幼儿园数	36
空气环境质量优良天数	72	常住人口城镇化率	35
转移农村劳动力人数	71	绿色有机食品认证新增数	35
新改建农村公路长度	70	贫困发生率	35
新改扩建农村公路长度	69	燃煤锅炉淘汰数	35
新增高新技术企业数	69	招商引资到位资金	35
市场主体新增数	64	畜牧业产值	34
空气质量优良天数达标率	63	打掉黑恶犯罪团伙个数	34
新建高标准农田面积	62	服务业增加值占生产总值比重	34

表2-14　东南地区的关键指标

关键指标	使用频次	关键指标	使用频次
地区生产总值	789	发明专利授权量	80
城镇登记失业率	450	城乡最低生活保障标准	79
一般公共预算收入增长率	449	规模以上工业增加值增长率	79
高新技术企业新增数	415	城市森林覆盖率	79
社会消费品零售总额增长率	339	战略性新兴产业产值占规模以上工业产值比重	79
城镇居民人均可支配收入	330	外贸进出口额	78
固定资产投资额增长率	330	新改扩建公园数	78
新增城镇就业人数	322	新增停车泊位数	78
一般公共预算收入	314	新增企业新三板挂牌数	76
城乡居民人均可支配收入	306	规模以上工业企业新增数	73
社会消费品零售总额	283	生产安全事故死亡人数	73
固定资产投资增长	273	淘汰落后产能企业数	71
居民消费价格指数涨幅	244	空气质量优良天数达标率	70
实际利用外资额增长率	234	新建农村文化礼堂数	70
PM2.5 平均浓度	229	单位生产总值能耗	69

续表

关键指标	使用频次	关键指标	使用频次
规模以上工业企业新增数	220	低收入人口人均年收入	68
旅游总收入年均增长率	188	研发投入占 GDP 比重	68
城镇就业人数	187	省级现代农业产业园数	66
人大代表议案、建议办理率	174	科技型中小企业新增数	65
新改扩建公办学校数	167	淘汰老旧车、黄标车数	63
全市地区生产总值增长率	163	三次产业结构比	61
规模以上工业增加值	151	新改建污水管网长度	61
新增上市企业数	151	城乡居民基本养老保险基础养老金	60
外贸进出口总额增长率	146	老旧小区改造户数	60
全社会研发经费投入占地区生产总值比重	144	新建高标准农田面积	60
服务业增加值占生产总值比重	141	新增学位数	60
政协提案办结数	136	整治"低散乱"企业和小作坊数	60
进出口总额	119	改造农村危房户数	58
生产总值增长率	119	民间投资增长率	58
新增高新技术企业数	119	实际利用外资额	58
城镇居民、农村居民人均可支配收入	115	重点项目完成投资额	58
居民人均可支配收入年均增长率	113	黑臭水体整治完成数	57
进出口总额增长率	107	新增就业人数	57
市场主体新增数	107	造林绿化面积	57
金融机构本币存贷款余额	105	出台政策措施数	56
空气质量优良天数比率	104	R&D 经费占 GDP 比重	55
新增企业数	102	服务业增加值	54
拆除违法建设面积	99	美丽乡村建成数	54
万人有效发明专利拥有量	96	全社会研发经费支出占地区生产总值比重	52
引进各类人才人数	94	新增国家高新技术企业数	52
高标准农田建设面积	92	亿元以上项目新开工数	52
工业投资、技改投资	90	超亿元项目数	51
科技进步贡献率	89	引进项目数	51
为企业减负金额	88	"三旧"改造面积	50
棚户区改造新开工数	87	打掉黑恶犯罪团伙个数	50

续表

关键指标	使用频次	关键指标	使用频次
新增省级农业龙头企业数	83	项目动工建设数	50
新改建农村公路长度	82	转移农村劳动力人数	50
财政民生支出占财政支出比重	80	财政总收入	49
常住人口城镇化率	80	电子商务交易额	49
地方一般公共预算收入	80	数字经济核心产业增加值占规模以上工业比重	49

由表 2-13 和表 2-14 可以看出：

（1）东南地区关键指标使用的最高频次（789）和最低频次（49）均高于东北地区的最高频次（475）和最低频次（34）。

（2）东南地区前 100 项关键指标使用频次的总和（12636）为东北地区关键指标使用频次总和（8831）的 1.4 倍。

（二）共性指标分析

梳理东北地区及东南地区共有的关键指标，得到 59 项共性指标，如表 2-15 所示。

表 2-15　东北地区及东南地区的共性指标

共性指标	使用频次		共性指标	使用频次	
	东北	东南		东北	东南
地区生产总值	475	789	拆除违法建设面积	79	99
城镇登记失业率	338	450	新增企业数	79	102
新增城镇就业人数	258	322	*淘汰老旧车、黄标车数*	*73*	*63*
城镇居民人均可支配收入	233	330	高标准农田建设面积	72	92
固定资产投资额增长率	229	330	*转移农村劳动力人数*	*71*	*50*
固定资产投资增长	214	273	新改建农村公路长度	70	82
旅游总收入年均增长率	*213*	*188*	新增高新技术企业数	69	119
城乡居民人均可支配收入	212	306	市场主体新增数	64	107
社会消费品零售总额增长率	212	339	空气质量优良天数达标率	63	70

续表

共性指标	使用频次		共性指标	使用频次	
	东北	东南		东北	东南
一般公共预算收入增长率	210	449	*新建高标准农田面积*	*62*	*60*
社会消费品零售总额	194	283	单位生产总值能耗	56	69
规模以上工业企业新增数	188	220	新改扩建公办学校数	55	167
改造农村危房户数	*158*	*58*	财政民生支出占财政支出比重	52	80
一般公共预算收入	151	314	进出口总额增长率	52	107
高新技术企业新增数	149	415	引进各类人才人数	51	94
亿元以上项目新开工数	*144*	*52*	城市森林覆盖率	49	79
城镇居民、农村居民人均可支配收入	*142*	*115*	居民人均可支配收入年均增长率	46	113
人大代表议案、建议办理率	137	174	规模以上工业企业新增数	42	73
城镇就业人数	130	187	进出口总额	42	119
规模以上工业增加值	126	151	科技型中小企业新增数	41	65
棚户区改造新开工数	*120*	*87*	造林绿化面积	41	57
全市地区生产总值增长率	116	163	出台政策措施数	40	56
实际利用外资额增长率	115	234	实际利用外资额	38	58
电子商务交易额	*93*	*49*	外贸进出口总额	38	78
城乡最低生活保障标准	*91*	*79*	新增停车泊位数	38	78
外贸进出口总额增长率	89	146	PM2.5平均浓度	37	229
居民消费价格指数涨幅	88	244	常住人口城镇化率	35	80
老旧小区改造户数	*88*	*60*	打掉黑恶犯罪团伙个数	34	50
规模以上工业增加值增长率	*84*	*79*	服务业增加值占生产总值比重	34	141
政协提案办结数	83	136	—	—	—

由表2-15可以看出：

（1）"地区生产总值"为东北和东南地区使用频次最高的共性关键指标。

（2）在59项共性关键指标中，除了表2-15中以"斜体下画线"方式标注的12项指标在东北地区得到更多的重视外，东北地区在剩余的47项指标上的频次均低于东南地区，占比79.7%。

（三）差异性指标分析

本书分别对东北地区和东南地区的关键指标（100项）与两个地区的共性指标（59项）取差集处理，得到东北地区和东南地区的差异性关键指标，如表2-16和表2-17所示。

表2-16　东北地区的差异性关键指标

差异性指标	使用频数	差异性指标	使用频数
粮食产量	147	技术合同成交额增长	41
贫困村脱贫"销号"数	127	人工造林、封山育林、森林抚育面积	41
千万元以上项目数	116	引进内外资额	41
地方财政收入	109	"小升规"企业数	40
脱贫贫困人口数	93	农村饮水安全工程改造数	39
粮食总产量	78	土地流转面积占比	39
转化科技成果项数	78	刑事案件发案下降率	39
贫困人口精准脱贫数	73	亿元以上项目投产数目	39
空气环境质量优良天数	72	查处违法案件数	37
新改扩建农村公路长度	69	民生支出占财政支出比重	37
企业退休人员基本养老金月人均额	53	棚户区改造户数	37
秸秆综合利用率	52	全年接待国内外游客人次	37
家庭农场新增数	50	新增（更新）新能源公交车辆数	37
政务服务事项网上实办率	49	项目签约落地数	36
"个转企"户数	48	新改扩建幼儿园数	36
水土流失治理面积	46	绿色有机食品认证新增数	35
完成造林绿化面积	45	贫困发生率	35
调减玉米种植面积	44	燃煤锅炉淘汰数	35
普惠性幼儿园在园幼儿占比	44	招商引资到位资金	35
植树造林面积	44	畜牧业产值	34
改造老旧小区数	41	—	—

表 2-17　东南地区的差异性关键指标

差异性指标	使用频数	差异性指标	使用频数
新增上市企业数	151	三次产业结构比	61
全社会研发经费投入占地区生产总值比重	*144*	新改建污水管网长度	61
生产总值增长率	119	城乡居民基本养老保险基础养老金	60
金融机构本币存贷款余额	105	*新增学位数*	*60*
空气质量优良天数比率	104	整治"低散乱"企业和小作坊数	60
万人有效发明专利拥有量	*96*	民间投资增长率	58
工业投资、技改投资	*90*	重点项目完成投资额	58
科技进步贡献率	*89*	黑臭水体整治完成数	57
为企业减负金额	88	新增就业人数	57
新增省级农业龙头企业数	83	*R&D 经费占 GDP 比重*	*55*
地方一般公共预算收入	80	服务业增加值	54
发明专利授权量	*80*	美丽乡村建成数	54
战略性新兴产业产值占规模以上工业产值比重	*79*	*全社会研发经费支出占地区生产总值比重*	*52*
新改扩建公园数	78	*新增国家高新技术企业数*	*52*
新增企业新三板挂牌数	76	超亿元项目数	51
生产安全事故死亡人数	73	引进项目数	51
淘汰落后产能企业数	71	"三旧"改造面积	50
新建农村文化礼堂数	70	项目动工建设数	50
低收入人口人均年收入	68	财政总收入	49
研发投入占 GDP 比重	*68*	*数字经济核心产业增加值占规模以上工业比重*	*49*
省级现代农业产业园数	66	—	—

对比表 2-16 和表 2-17 可以看出:

(1) 东北地区差异性关键指标更加关注人民生活条件及环境的改善,粗略看来共有 13 项指标(表 2-16 中以"斜体下画线"方式标注的指标,占比 31.7%)与人民生活密切相关,其中有 3 项指标涉及脱贫工作,这高度吻合于2020 年国务院政府工作报告中提出的"优先稳就业保民生,坚决打赢脱贫攻坚战"目标任务。

（2）东南地区差异性关键指标更加关注创新驱动发展，粗略看来共有12项指标（表2-17中以"斜体下画线"方式标注的指标，占比29.3%）与创新驱动相关，其中研发经费、专利发明和数字经济方面的关键指标与"十四五"时期经济社会发展主要指标体系中创新驱动层面的指标高度吻合。

第四节　地方政府关键主题分析

在采集的政府工作报告中，本书将指标以及指标所属的章节进行了归类，并利用章节信息，在分词的基础上形成了各类主题的关键词及词频，统计后，发现东北地区出现频次在10以上的主题关键词（以下简称主题）为370项，东南地区为493项，为聚焦重要问题，以下仅对出现频率最高的前100项主题作对比分析。首先，对东北及东南地区的关键主题进行介绍；其次，在此基础上，对东北及东南地区共同的关键主题进行分析；最后，进一步讨论东北及东南地区的差异性关键主题。

（一）关键主题分析

按照非重复性主题在2016~2021年出现频次由高到低的顺序，提取前100项主题作为东北及东南地区的关键主题，结果如表2-18和表2-19所示。

表2-18　东北地区的关键主题指标

关键主题	出现频次	关键主题	出现频次
民生	1941	福祉	121
发展	1681	科技	120
建设	1575	对外开放	113
经济	1221	动能	113
社会	911	供给	106

关键主题	出现频次	关键主题	出现频次
改革	855	质量	105
产业	813	创业	105
工作	721	协调	89
改善	579	招商引资	86
农业	547	污染	79
创新	524	惠民	78
环境	505	经济运行	76
回顾	496	投资	76
保障	439	产业结构	75
生态	431	支撑	73
振兴	426	管理	71
乡村	422	绿色	71
城市	411	防治	70
开放	401	工程	69
项目	369	战略	69
攻坚	343	品质	68
城乡	339	转换	67
工业	328	防控	65
结构	304	结构调整	62
服务	291	重点	62
现代	283	高质量	60
实事	276	生产	60
政府	262	合作	56
转型	248	教育	55
深化改革	236	文明	54
改革开放	208	领域	54
驱动	200	新旧	53
服务业	195	人居	50
攻坚战	190	公共服务	48
营商	188	风险	48
升级	186	现代化	44
三大	184	推进	44

续表

关键主题	出现频次	关键主题	出现频次
事业	181	精准	44
增长	164	任务	42
脱贫	160	就业	41
社会保障	146	区域	41
现代农业	144	民营	40
生态环境	144	生活	40
基础设施	142	扶贫	38
治理	141	实施	36
安排	140	目标	36
实体	133	体系	33
农村	126	水平	32
优化	123	主要	23
结构性	121	人民	19

表2-19　东南地区的关键主题指标

关键主题	出现频次	关键主题	出现频次
建设	2802	公共服务	146
发展	2440	结构性	144
民生	2346	投资	135
经济	1676	文明	134
社会	1339	环境治理	128
改革	1109	医疗	127
创新	1094	现代农业	127
产业	900	文化	126
城市	842	增长	126
生态	842	就业	125
城乡	727	企业	123
乡村	708	动能	121
环境	674	品质	120
开放	638	协调	115
振兴	635	体系	114

续表

关键主题	出现频次	关键主题	出现频次
保障	534	招商引资	113
改善	467	回顾	111
攻坚	445	合作	106
驱动	427	人民	104
事业	423	工业	103
转型	412	服务业	103
治理	401	高质量	100
政府	396	生活	100
改革开放	389	制造业	100
服务	382	区域	96
实事	378	疫情	95
实体	335	战略	95
农业	333	工程	91
三大	324	防控	90
现代	300	水平	82
攻坚战	298	优化	82
科技	278	综合	78
基础设施	256	支撑	76
升级	253	对外开放	75
项目	248	培育	75
深化改革	231	精准	74
工作	217	融合	72
生态环境	216	功能	70
福祉	210	城市规划	69
供给	207	现代化	65
教育	197	人才	64
社会保障	187	美丽	62
农村	181	有效	57
交通	180	民营	55
污染	179	人居	54
脱贫	167	经济社会	53
创业	164	转换	51

续表

关键主题	出现频次	关键主题	出现频次
防治	163	目标	47
营商	157	经济运行	38
绿色	157	实力	25

由表2-18和表2-19可以看出：

（1）东南地区关键主题出现的最高频次（2802）和最低频次（25）均高于东北地区的最高频次（1941）和最低频次（19）。

（2）东南地区关键指标使用频次的总和（33500）为东北地区关键指标使用频次总和（24574）的1.4倍。

（二）共性主题分析

梳理东北地区及东南地区共有的关键主题，得到83项共性主题，如表2-20所示。

表2-20　东北地区及东南地区的共性主题

共性主题	使用频次		共性主题	使用频次	
	东北	东南		东北	东南
民生	1941	2346	基础设施	142	256
发展	1681	2440	治理	141	401
建设	1575	2802	实体	133	335
经济	1221	1676	农村	126	181
社会	911	1339	优化	123	82
改革	855	1109	结构性	121	144
产业	813	900	福祉	121	210
工作	721	217	科技	120	278
改善	579	467	对外开放	113	75
农业	547	333	动能	113	121
创新	524	1094	供给	106	207

续表

共性主题	使用频次		共性主题	使用频次	
	东北	东南		东北	东南
环境	505	674	创业	105	164
回顾	*496*	*111*	协调	89	115
保障	439	534	招商引资	86	113
生态	431	842	污染	79	179
振兴	426	635	*经济运行*	*76*	*38*
乡村	422	708	投资	76	135
城市	411	842	支撑	73	76
开放	401	638	绿色	71	157
项目	*369*	*248*	防治	70	163
攻坚	343	445	工程	69	91
城乡	339	727	战略	69	95
工业	*328*	*103*	品质	68	120
服务	291	382	*转换*	*67*	*51*
现代	283	300	防控	65	90
实事	276	378	高质量	60	100
政府	262	396	合作	56	106
转型	248	412	教育	55	197
深化改革	*236*	*231*	文明	54	134
改革开放	208	389	人居	50	54
驱动	200	427	公共服务	48	146
服务业	*195*	*103*	现代化	44	65
攻坚战	190	298	精准	44	74
营商	*188*	*157*	就业	41	125
升级	186	253	区域	41	96
三大	184	324	民营	40	55
事业	181	423	生活	40	100
增长	*164*	*126*	目标	36	47
脱贫	160	167	体系	33	114
社会保障	146	187	水平	32	82
现代农业	*144*	*127*	人民	19	104
生态环境	144	216	—	—	—

由表 2-20 可以看出:

(1)"民生"为东北地区出现频次最高的共性关键主题,"建设"为东南地区出现频次最高的共性关键主题。

(2)在 83 项共性关键主题中,除了表 2-20 中以"斜体下画线"方式标注的 15 项主题外,东北地区在剩余的 68 项主题上的出现频次低于东南地区,占比 81.9%。

(三)差异性主题分析

本书分别对东北地区和东南地区的关键主题(100 项)与两个地区的共性主题(83 项)取差集处理,得到东北地区和东南地区的差异性关键主题,如表 2-21 和表 2-22 所示。

表 2-21 东北地区的差异性关键主题

差异性关键主题	出现频数	差异性关键主题	出现频数
结构	304	领域	54
安排	140	新旧	53
质量	105	风险	48
惠民	*78*	推进	44
产业结构	*75*	任务	42
管理	71	*扶贫*	*38*
结构调整	*62*	实施	36
重点	62	主要	23
生产	60	—	—

表 2-22 东南地区的差异性关键主题

差异性关键主题	使用频数	差异性关键主题	使用频数
交通	*180*	融合	72
环境治理	*128*	功能	70
医疗	*127*	*城市规划*	*69*
文化	*126*	*人才*	*64*

续表

差异性关键主题	使用频数	差异性关键主题	使用频数
<u>企业</u>	*<u>123</u>*	美丽	62
<u>制造业</u>	*<u>100</u>*	有效	57
疫情	95	*<u>经济社会</u>*	*<u>53</u>*
综合	78	实力	25
培育	75	—	—

对比表2-21和表2-22可以看出：

（1）东北地区差异性关键主题有明显含义的共有4项（表2-21中以"斜体下画线"方式标注的指标），占比23.5%，主要关注产业结构及惠民扶贫工作。

（2）东南地区差异性关键主题有明显含义的共有9项（表2-22中以"斜体下画线"方式标注的指标），占比52.9%，其关注的方面较广泛，包含医疗、环境、民生、企业、人才等多个方面。

第三章 东北全面振兴指标体系构建方法

第一节 指标体系构建思路与原则

（一）构建思路

东北全面振兴指标体系的构建，不仅应反映当下东北振兴过程中关注的重点问题与指标，还应该通过与全国范围内其他地区的对比分析寻找差距，以避免出现"内卷"现象，确保实现"区域内振兴、区域外赶超"的整体效果。具体而言，对于东北振兴过程中的重点问题及指标，主要通过地方政府工作报告、国家及地区发展规划、专家论著等方法进行凝练；而对于区域间的对比分析，主要是选取东北地区的对标地区（东南三省）进行关键问题及指标的比较。此外，在整个指标的构建过程中，本书将综合运用"群体共识"的方式实现对关键指标的遴选及核心主题的归纳。

综上所述，可将东北振兴全面指标体系构建的整体思路归结为"2+N"方式，其中，"2"主要凸显与强调东北与东南地区的对比分析，"N"的含义在于指标体系构建过程中参考的各类工作报告、政策、规划、论著等，其来源多样、覆盖面广。基于"2+N"的整体思路，可将东北全面振兴指标体系的具体构建思路总结如下：

（1）对东北及东南地区6个省份的各级政府工作报告进行主题分析，从中提取各级政府工作中关注的核心主题及重要指标，并形成文本信息。该项工作的优点体现如下：分析资料（各级政府工作报告）多源，来自不同的地区及省份，样本资料充足；资料为地方政府的工作报告，可信且规范；方便连续采集，以对不同时期的核心主题及重要指标实现持续观测与资料累积。

（2）在各级政府工作报告分析的基础上，进一步结合"创新、协调、绿色、开放、共享"五大新发展理念、国家及地方的"十四五"发展规划、权威期刊、专家著作等资料，对东北振兴关键指标与主题进行补充与完善。该项工作以国家及地方的最新政策及其解读等作为重要补充，在指标体系的构建过程中充分考虑了前瞻性及综合性指标，从而有效保障了指标体系的时效性。

（3）在东北振兴指标体系的构建过程中，综合运用"群体共识"的方式遴选关键指标及核心主题。通过东北及东南地区关键指标与核心主题的对比分析，形成东北全面振兴指标体系的主体框架，该框架既凸显了东北振兴的地区特征，又兼顾了对标省份的区域差异。在此基础上，进一步结合最新的发展理念、政策、规划等资料信息进行指标体系的精练、补充与完善。

（二）构建原则

在对东北地区全面振兴指标体系的构建过程中，尽量遵循以下五个方面的主要原则：

1. 系统性原则

指标体系的构建过程中应将东北振兴过程的各方面因素看成一个整体的系统，从东北振兴的不同维度（如经济、民生、环境等）提取关键指标，以此保证指标体系的全面性及系统性。

2. 科学性原则

东北振兴关键指标与核心主题的提取与凝练，应紧扣东北全面振兴的时代主题，加强指标体系之间的逻辑关系建设，以提升东北振兴指标体系的科学性与合理性。

3. 可比性原则

选取的东北振兴指标，对于不同的被评价对象（省域及地市级）应具有可比性，以提升评价指标体系较为广泛的适用性。

4. 可测度性原则

指标数据的可测度性是展开后续评价研究的基础，因而最终确定的东北全面振兴指标体系应该具有可测度性。

5. 综合性原则

东北振兴指标体系应兼顾综合性，实现"质"与"量"的有效结合，即选取指标时需兼顾指标发展的规模与速度，考虑指标的存量与增量形式。

第二节　指标体系整体架构

该部分在对各级政府报告关键指标识别与提取的基础上，结合党的十八届五中全会提出的"创新、协调、绿色、开放、共享"五大新发展理念和"十四五"时期经济社会发展主要指标，归纳凝练了东北全面振兴指标体系的六个维度，即经济发展、政府效能、创新驱动、区域开放、安全保障、民生福祉。

在六个维度中，"民生福祉"依据"十四五"时期经济社会发展中的"民生福祉"维度和"共享"的新发展理念凝练而成，成为东北振兴的根本目标。"安全保障""经济发展""政府效能"依据"十四五"时期经济社会发展中的"经济发展""绿色生态""安全保障"维度和"绿色""协调"的新发展理念拓展而成，可为东北振兴提供全局支撑。其中，经济发展是东北振兴的基石；政府效能全面支撑其他维度的发展，为东北振兴的全局基点；安全保障是实现东北振兴及可持续发展的基础。"创新驱动"和"区域开放"依据"十四五"时期经济社会发展中的"创新驱动"和"创新""开放"的新发展理念凝练而成，为东北全面振兴提供核心动能支撑。

东北全面振兴指标体系的整体构建框架及六个维度之间的逻辑关系如图3-1所示。

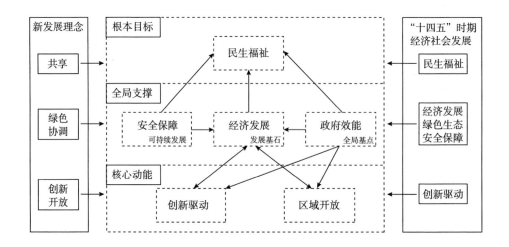

图3-1　指标体系构建框架

第三节　指标筛选流程

通过对东北三省及东南三省所有地市级政府工作报告（2016~2021）的内容进行整理，本书梳理出各地政府在历年工作中主要监督落实的指标，根据指标在工作报告中的所属条目凝练出指标归属的主题，最终得到81676个指标及639项主题（东北地区及东南地区频率在20以上的主题关键词）的对应关系，然后计算出指标与每个主题的匹配系数，系数越大说明指标与该主题的相对契合度越高。同时，统计出各指标在地方政府报告中出现的总频次，总频次越大则说明政府在落实工作中对该指标越重视。

在筛选指标前，先对指标集进行了初步优选，目的是"去其糟粕，取其精华"。依据匹配系数，对东北三省及东南三省筛选出排名前117项主题（为东北及东南前100项主题的合集）作为优选主题（见表3-1），同时在每个主题下筛选出排名前60的指标作为优选指标，组成117×60的指标—主题相关矩阵（见表3-2），作为指标进一步筛选的优质样本。按照该方式，整理出东北三省及东南三省100个优选主题及其下的60个优选指标的对应关系，形成优质样本为100×60的指标—主题相关矩阵，囿于篇幅，这里不展开叙述。

表3-1 117项优选主题

优选主题							
发展	开放	治理	投资	转换	支撑	惠民	社会保障
经济	振兴	科技	防治	体系	农村	主要	公共服务
民生	城乡	实事	文明	区域	绿色	美丽	基础设施
建设	农业	升级	就业	生活	品质	防控	经济社会
社会	驱动	任务	教育	目标	战略	实施	经济运行
创新	攻坚	事业	安排	交通	水平	疫情	对外开放
改革	结构	实体	工程	精准	人居	服务业	生态环境
产业	增长	供给	协调	新旧	扶贫	高质量	深化改革
生态	转型	污染	优化	综合	管理	结构性	制造业
环境	回顾	脱贫	民营	合作	功能	攻坚战	环境治理
改善	项目	创业	企业	有效	实力	现代化	改革开放
工作	现代	营商	人民	文化	推进	现代农业	产业结构
城市	服务	质量	工业	融合	人才	结构调整	—
乡村	政府	培育	生产	福祉	领域	城市规划	—
保障	三大	医疗	重点	动能	风险	招商引资	—

表 3-2 主题对应的优选指标（局部示例）

"发展"主题（第1项）		…	"产业结构"主题（第117项）	
指标	匹配系数	…	指标	匹配系数
财政总收入	0.8431	…	新增4A级景区数	0.1667
财政一般公共预算收入	0.7000	…	高新技术企业总数	0.1290
一般公共预算收入	0.6581	…	市场主体新增登记数	0.1250
战略性新兴产业增加值	0.6364	…	调减玉米种植面积	0.1136
高新技术产业产值占比	0.6087	…	商品房销售面积	0.0952
新增国家4A级景区数	0.6087	…	高技术产业增加值增长率	0.0909
主营业务收入超亿元企业数	0.5965	…	金融机构新增贷款	0.0870
网络零售额	0.5952	…	竣工投产项目数	0.0870
制造业增加值占规模以上工业比重	0.5952	…	软件和信息技术服务业业务收入增长率	0.0870
人均地区生产总值增长率	0.5918	…	三次产业结构比	0.0824
社会消费品零售总额	0.5807	…	非公经济总量	0.0769
服务业增加值增长率	0.5800	…	规模以上工业增加值增长	0.0769
固定资产投资额增长率	0.5778	…	文化产业增加值占地区生产总值比重	0.0769
全员劳动生产率增长率	0.5652	…	建筑业产值增长率	0.0741
社会融资规模增量	0.5600	…	金融业增加值增长率	0.0612
地区生产总值	0.5562	…	服务业增加值	0.0595
重点产业项目数	0.5556	…	文化产业增加值增长率	0.0571
接待游客增长率	0.5455	…	技术合同成交额增长	0.0526
全市地区生产总值增长率	0.5412	…	接待游客人数	0.0517
规模以上工业增加值增长率	0.5399	…	土地流转面积占比	0.0500
超亿元企业数	0.5385	…	在孵企业增加数	0.0476
新增专精特新"小巨人"企业数	0.5385	…	旅游总收入年均增长率	0.0474
地方财政收入	0.5354	…	服务业增加值占生产总值比重	0.0457

续表

"发展"主题（第1项）		...	"产业结构"主题（第117项）	
金融机构新引进数	0.5349	...	战略性新兴产业产值占规模以上工业产值比重	0.0435
固定资产投资增长率	0.5257	...	高新技术产业产值占比	0.0435
乡村居民人均可支配收入增长率	0.5217	...	粮食生产功能区建成数	0.0435
农村居民可支配收入	0.5185	...	食用菌数	0.0435
累计完成固定资产投资额	0.5172	...	新增节水灌溉面积	0.0435
规模以上工业增加值数	0.5162	...	新增省级示范家庭农场数	0.0435
一般公共预算收入增长率	0.5114	...	产业项目投资额	0.0417
工业增加值增长率	0.5094	...	新增省级重点龙头企业数	0.0417
居民消费价格指数涨幅	0.5090	...	新增市级以上农业龙头企业数	0.0408
服务业增加值	0.5000	...	农业综合机械化水平	0.0400
地区生产总值综合能耗量	0.5000	...	主营业务收入增长率	0.0400
规模以上工业增加值增长率	0.5000	...	新增农民专业合作社市级示范社数	0.0385
全市生产总值增长率	0.5000	...	存贷比	0.0357
中药材种植面积	0.5000	...	重点项目建设数	0.0351
服务业增加值占生产总值比重	0.4971	...	工业规模以上企业新增数	0.0348
生产总值增长率	0.4959	...	累计完成固定资产投资额	0.0345
研发投入占GDP比重	0.4935	...	重点项目实施数	0.0345
绿色有机食品认证新增数	0.4872	...	"规升巨"企业数	0.0333
社会消费品零售总额增长率	0.4864	...	土地规模经营面积	0.0333
全社会研发经费支出占地区生产总值比重	0.4828	...	个体工商户数量增长率	0.0323
新增节水灌溉面积	0.4783	...	农产品加工企业数	0.0323
新增"品字标浙江制造"企业数	0.4762	...	新开工工业项目数	0.0323
新增工业机器人数	0.4750	...	重点项目投资额	0.0323
外贸进出口额	0.4741	...	税收收入增长率	0.0313

续表

"发展" 主题（第1项）		...	"产业结构" 主题（第117项）	
高新技术产业占规模以上工业增加值	0.4722	...	引进项目数	0.0294
税收收入增长率	0.4688	...	创业担保贷款发放金额	0.0294
亿元以上产业项目数	0.4667	...	新型研发机构新组建数	0.0286
进出口总额	0.4658	...	新增农民专业合作社数	0.0286
快递业务量同比增长率	0.4651	...	新增设施农业面积	0.0278
工业投资增长率	0.4630	...	粮食总产量	0.0275
规模以上工业企业数	0.4595	...	民间投资增长率	0.0274
"上云" 企业数	0.4583	...	新增科技企业孵化器数	0.0270
外资实际到位资金额	0.4565	...	家庭农场新增数	0.0267
规模以上工业企业新增数	0.4559	...	新建高标准农田面积	0.0246
城镇居民人均可支配收入	0.4547	...	高标准农田建设面积	0.0244
城镇化率	0.4490	...	快递业务量同比增长率	0.0233
工业技改投资增长率	0.4474	...	高新技术企业净增加数	0.0227

注：①囿于篇幅，没有列出全部主题的优选指标，以省略号表示；②表格中的数据表示指标在相应主题下的匹配系数。

　　指标筛选工作主要包括以下两个模块："精益求精"模块与"查缺补漏"模块，如图 3-2 所示。"精益求精"模块是整个筛选流程中的主线，主要工作是从优质样本中捕捉出最能诠释二级层面内涵的指标。由于指标名称是从政府工作报告中直接摘录（为了原样反映政府关注的工作重点，在指标摘录过程中没有对指标名称进行人为润改），部分指标存在一定程度的重复，为防止在筛选过程中遗漏参数值不高但又具有明确指向性的指标，因此需要对"精益求精"模块捕捉到的指标进行"查缺补漏"。"查缺补漏"模块是整个筛选流程中的支线，直接针对原始指标集进行操作，通过输入与二级层面相关的关键词，在原始指标上集中进行搜索，进而提取出包含关键词的指标。在这一过程中，本书运用德尔菲法

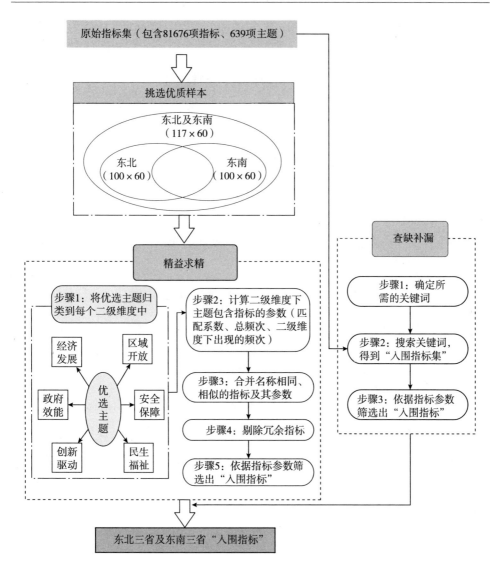

图3-2 指标筛选流程

注：指标参数主要指匹配系数、总频数及指标在二级层面下出现的频数。

确定搜索所需的关键词。基于上述两种筛选思路，具体的筛选步骤如下：

1. "精益求精"模块

步骤1：挑选契合二级层面内涵的优选主题。由于存在指标所属主题不唯一的情况，本书本着宁滥勿缺的原则，结合优选主题下涵括的词条，挑选契合各二级层面的主题。需要说明的是，不同二级层面下可能会出现部分主题相同的现象，这是由自然语言概念的模糊性所致，属于正常现象。

步骤2：计算所选主题中指标参数（匹配系数、总频次及二级层面下的频次）。该步骤工作主要将名称重复的指标及其参数进行整合。

步骤3：合并名称相似、本质相同的指标及其参数。

步骤4：剔除明显属于其他五个层面的指标，进而获得"入围指标集"。如"国民生产总值""人均固定资产投资增长率"反映的是地区的经济发展状况，与"民生福祉"契合程度不高，应该从民生福祉层面剔除，而在经济发展层面保留。

步骤5：依据指标参数对"入围指标集"进行筛选，得到"入围指标"。

2."查缺补漏"模块

步骤1：结合"精益求精"模块的筛选结果，确定需要补充指标的关键词。同样地，这里运用德尔菲法确定搜索关键词。

步骤2：在原始指标上集中对关键词进行搜索，得到"入围指标集"。

步骤3：结合指标参数，运用德尔菲法，对"入围指标集"进行筛选，得到"入围指标"。

第四章　东北全面振兴指标体系构建

基于第三章给出的东北全面振兴指标体系构建框架，并结合指标体系的筛选过程，本章从经济发展、政府效能、创新驱动、区域开放、安全保障、民生福祉六个层面，分别阐述东北全面振兴指标的筛选结果、东北及东南地区指标使用情况的对比分析等内容，进一步在此基础上分维度给出东北全面振兴的具体测度指标。

第一节　经济发展层面的指标体系

（一）指标筛选结果

指标筛选的基本思路为：首先选取关键主题中与经济发展相关的主题作为优选主题；然后基于优选主题筛选经济发展层面的入围指标。经济发展层面的优选主题具体如表4-1所示。

表4-1　经济发展层面优选主题

优选主题					
转型	现代	民营	体系	服务业	基础设施
升级	目标	支撑	质量	高质量	经济运行

优选主题					
实体	战略	新旧	企业	现代化	结构调整
供给	结构	主要	综合	制造业	产业结构
动能	转换	服务	实力	结构性	经济社会
优化	任务	水平	融合	现代农业	深化改革

1. 东北地区入围指标

根据优选主题，东北地区经济发展层面共获取 1665 条指标记录，对重复指标及其参数进行规整，共获取 178 项指标。从 178 项指标中筛选出与经济发展直接相关的指标，共获取 24 项指标。在此基础上，依据"查缺补漏"的筛选步骤，补充了 8 个相关指标，最终获取入围指标 32 项，如表 4-2 所示。

表 4-2 东北地区经济发展入围指标

入围指标		
企业数	规模以上工业增加值	农业综合机械化水平
"小升规"企业数	规模以上工业企业新增数	民营经济主营业务收入
"规升巨"企业数	文化产业增加值占地区生产总值比重	民营经济增加值占比
"个转企"户数	服务业增加值占生产总值比重	国企利润总额增长率
"上云"企业数	金融业增加值占 GDP 比重	国有"僵尸企业"处置数
个体工商户数量增长率	第三产业增加值	淘汰落后产能企业数
小微企业贷款新增金额	百万元以上产业项目数	国有企业公司制改造数
地区生产总值	亿元以上产业项目投产数目	国有企业"以投促引"产业项目数
一般公共预算收入	千万元以上产业项目数	战略性新兴产业业务收入
社会消费品零售总额	超亿元产业项目数	数字经济核心产业增加值
固定资产投资额	高标准农田面积	—

2. 东南地区入围指标

根据优选主题，东南地区经济发展层面共获取 1831 条指标记录，对重复指标及其参数进行规整，共获取 290 项指标。从 290 项指标中筛选出与经济发展直接相关的指标，最后获取 36 项入围指标，如表 4-3 所示。

表 4-3 东南地区经济发展入围指标

入围指标		
服务业增加值	地区生产总值	产值超亿元企业数
工业技改投资增长率	人均地区生产总值	民间投资增长率
规模以上工业企业数	一般公共预算收入	民营经济增加值
规模以上工业增加值	社会消费品零售总额	淘汰落后产能企业数
制造业增加值占规模以上工业比重	固定资产投资额	整治"低散乱"企业和小作坊数
建筑业产值增长率	全员劳动生产率	主营业务收入超亿元企业数
金融业增加值	新增农业龙头企业数	小微企业贷款新增金额
战略性新兴产业产值占规模以上工业产值比重	现代农业产业园数	企业数
第三产业增加值	高标准农田面积	"小升规"企业数
农林牧渔业增加值增长率	亿元以上产业项目数	"规升巨"企业数
数字经济核心产业增加值占规模以上工业比重	千万元以上产业项目数	"个转企"户数
文化产业增加值	超亿元产业项目数	"上云"企业数

（二）东北地区及东南地区对比

1. 规模对比

从指标总体规模看，东北地区和东南地区分别包含 1665 条和 1831 条指标记录。去除重复指标后，东北地区和东南地区分别包含 178 条和 290 条指标记录。东北地区和东南地区入围的指标个数分别为 32 项和 36 项，具体如图 4-1 所示。

显然，东南地区的指标规模更大，涉及范围更广，关注的层面更为丰富。东北地区指标重复率高，反映了东北地区近 6 年经济发展关注的层面较为固定。

2. 共同指标分析

从东北和东南地区的入围指标中提取共同出现的指标，共 24 项。在此基础上，统计各项指标的使用频次，如表 4-4 所示。

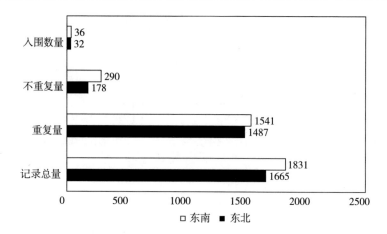

图 4-1　东北地区与东南地区指标规模对比

表 4-4　东北地区和东南地区共同指标

指标名称	总频次	
	东北	东南
"个转企"户数	48	26
"规升巨"企业数	30	30
"小升规"企业数	40	24
"上云"企业数	11	42
超亿元项目数	20	51
地区生产总值	591	1106
第三产业增加值	20	21
服务业增加值	64	227
高标准农田面积	134	189
固定资产投资额	467	645
社会消费品零售总额	406	622
一般公共预算收入	392	843
规模以上工业企业数	230	346
规模以上工业增加值	210	264
金融业增加值	59	34

续表

指标名称	总频次	
	东北	东南
民营经济增加值	101	40
企业数	100	69
千万元以上产业项目数	145	22
数字经济核心产业增加值	77	49
淘汰落后产能企业数	78	71
文化产业增加值	124	52
小微企业贷款新增金额	5	28
亿元以上产业项目数	183	198
战略性新兴产业业务收入	142	79

从共同指标及其基本数值可以看出：

（1）东北和东南地区对企业转型升级、产业发展（包括服务业、金融业、农业等）等方面的关注度较高。

（2）依据指标的使用频次，"地区生产总值"均排在第一位，可见东北和东南地区均以提升 GDP 为首要任务。

（3）"固定资产投资额""社会消费品零售总额""一般公共预算收入"等是反映经济基础的指标，东南和东北地区的使用频次较多。东南地区和东北地区2020年社会消费品零售总额分别为 103923.7 亿元和 17877.1 亿元，差距较大。虽然东南地区和东北地区关注经济基础的发展，但东北地区的经济基础较为薄弱，需要重点关注。

（4）"十四五"规划纲要中强调促进服务业繁荣发展，"服务业增加值"东南地区提及 227 次，东北地区仅提及 64 次。东南地区和东北地区2020年服务业增加值分别为 152527.8 亿元和 26638.2 亿元，东南地区是东北地区的 5.7 倍，差距较大。在未来发展中，东北地区需要更加关注服务业的发展。

（5）"十四五"规划纲要中指出促进新型工业化经济体系的发展，东北地区和东南地区针对规模以上工业企业数和规模以上工业增加值的提及频次相近，反映了东北地区和东南地区对工业发展的重视。东北地区和东南地区2019年（可采集的最新数据）的工业增加值分别为14734亿元和98888.4亿元，东北地区在工业产值体量上远低于东南地区。

（6）"金融业增加值"和"文化产业增加值"东北地区提及的频次高于东南地区，虽然东北地区重视金融业和文化产业的发展，但从数据上看，2019年东北地区的金融业增加值为3803.2亿元，江苏省、浙江省和广东省2019年的金融业增加值分别为7425.7亿元、4904亿元和8764.1亿元，东北地区的总和低于东南地区的3个省份。2020年东南地区和东北地区的文化服务业企业和文化制造业企业的营业收入分别为35187.1亿元和720.6亿元，差距较大。东北地区仍需加大金融业和文化产业的关注度和投入力度。

（7）"十四五"规划纲要中强调建设现代农业，东北地区和东南地区"高标准农田面积"的指标频次相近，均关注区域农业的发展。东北地区和东南地区的2020年粮食产量分别为13682.8万吨和5602.4万吨，东北地区作为中国的"粮食重镇"，在现代农业的发展中占据着举足轻重的位置。

3. 差异指标分析

剔除共同指标后，东北地区和东南地区的差异指标汇总分别如表4-5和表4-6所示。

表4-5　东北地区特有指标

指标名称	总频次
农业综合机械化水平	44
民营经济主营业务收入	27
百万元以上产业项目数	23
个体工商户数量增长率	21
国有"僵尸企业"处置数	10
国有企业公司制改造数	4
国企利润总额增长率	2
国有企业"以投促引"产业项目数	1

表4-6 东南地区特有指标

指标名称	总频次
工业技改投资增长率	171
新增农业龙头企业数	119
现代农业产业园数	66
整治"低散乱"企业和小作坊数	60
民间投资增长率	58
主营业务收入超亿元企业数	49
人均地区生产总值	45
制造业增加值占规模以上工业比重	40
建筑业产值增长率	26
产值超亿元企业数	25
农林牧渔业增加值增长率	24
全员劳动生产率	21

从东北地区和东南地区的差异指标可以看出:

(1)东北地区针对国有企业改革的相关指标更多。2020年,东北地区和东南地区国有企业占比分别为2.21%和0.71%,东北地区国有企业占比更高。从国有企业利润总额来看,东北地区为405.12亿元,东南地区为3029.34亿元,差距较大。其中,黑龙江省国有企业2020年亏损61.6亿元,东北地区对国有企业改革的深化迫在眉睫。

(2)东北地区民营经济和个体商户发展的相关指标提及频次较多。东南地区注重规模型企业的发展,致力打造巨型企业,如产值超亿元企业、主营业务收入超亿元企业、农业龙头企业等。

(3)东南地区更加关注产业和企业发展,产业涉及工业、农业、建筑业等,相关指标提及频次较高。此外,东南地区注重经济基础建设,包含人均地区生产总值、全员劳动生产率等指标。

(4)总体而言,东北地区着重国有企业改革,东南地区致力于全面发展,包括经济基础建设、产业和企业发展。

（三）经济发展测度指标

1. 指标初选

由指标筛选结果可知，东北地区与东南地区共入围了68项指标，但指标之间存在重复（如"地区生产总值"）、多个指标反映同一问题（如"千万元产业项目数""亿元产业项目数"）等现象。因此，在确定最终经济发展测度指标之前，需对入围指标进行初步优选。指标初选的四个标准包括：①在政府工作报告中出现频次大的指标；②东北与东南地区共同关注的指标；③东北地区特色（体现经济发展层面的优势）或东南地区特色指标（为东北地区未来的经济发展提供参考）；④尽量避免重复测度的指标。基于这四个标准，经济发展层面的指标初选结果如表4-7所示。

表4-7　经济发展层面初选指标

初选指标		
地区生产总值	数字经济核心产业增加值	民营企业主营业收入增长率
全员劳动生产率	农业综合机械化水平	国企利润总额增长率
固定资产投资额	规模以上产业项目数	国有"僵尸企业"处置数
社会消费品零售总额	文化产业增加值占地区生产总值比重	小微企业贷款新增金额
服务业增加值占生产总值比重	金融业增加值占GDP比重	个体工商户数量增长率
规模以上工业增加值数	"上云"企业数	国有企业公司制改造数
战略性新兴产业业务收入	淘汰落后产能企业数	国有企业"以投促引"产业项目数

2. 指标归类

从东北地区和东南地区经济发展层面入围指标和初选指标来看，指标数量多、涉及面广。在东北地区和东南地区共同指标和差异指标的分析中，可以发现通过指标涌现出的经济发展层面的分类维度为：经济基础、产业发展和企业活力。

经济基础反映了经济状态和资源水平（王姣娥、杜德林，2016），经济基础越好，经济发展韧性越高，抵御风险的能力越强。"十四五"规划纲要中强调加快发展现代产业体系，培育和完善产业发展新动能，持续提升产业基础能力和产业现代化水平。产业发展从宏观层面体现现代化经济体系，企业活力从较为微观层面反映经济发展。企业发展并非国企侵蚀民企，也不是国资让利民资，而是"国民共进"。企业升级转型，激发企业活力，市场主体就有活力，经济的高质量发展便有源头活水。

（1）经济基础。发展是解决我国一切问题的基础和关键。经济发展是在经济增长的基础上，一个国家或地区经济结构和社会结构持续高级化的创新过程或变化过程，以经济基础累加的方式夯实经济体系。经济基础是指一个时期全社会的经济总量规模、结构关系并投入建设的经济可行性，由此测度社会的经济能力。在入选的指标中，地区生产总值提及频次最多，是作为衡量经济基础的核心指标。本书选用"地区生产总值增速"和"人均地区生产总值"这两项指标，其中"地区生产总值增速"反映地区经济发展水平是否呈现向好的趋势，从而反映经济是否上行发展。"人均地区生产总值"是衡量一个国家或地区每个居民对该国家或地区的经济贡献或创造价值的指标，是最重要的宏观经济指标之一。"固定资产投资额"是以货币形式反映经济社会固定资产投资规模、结构、发展速度以及投资效果的综合性指标。"全员劳动生产率"是衡量劳动力要素的投入产出效率，反映经济的质量发展。"社会消费品零售总额"是表现国内消费需求最直接的指标，反映经济景气程度。

（2）产业发展。产业发展是指单个产业或产业总体的进化过程，既包括某一产业中企业、产品或者服务等数量上的变化，也包括产业结构的调整、变化、更替和产业主导位置等质量上的变化。产业是介于宏观经济即国民经济总量（如国民生产总值、国内生产总值、国民收入、总投资、总消费等）和作为微观经济的企业和家庭等个体经济行为之间的中观经济。东北老工业基地改造在于产业结构的调整和升级，产业现代化和协调发展是东北老工业基地改造的关键（高相铎等，2005）。东北产业结构的调整需要兼顾其主导产业的选择，既要结合地区经济的特点，又要考虑到与国家"十四五"规划纲要的宏观产业政策和地区发展战略的协调。

1）服务业通常是指生产或者是提供服务的经济部门及企业，被称为第三产业。服务业的发展有利于实现增长动力结构转化，扩大内需和改善消费结构。在"十四五"规划纲要中强调了服务业繁荣发展的重要战略。在衡量产业发展水平时，服务业发展是重点之一，其中以金融业为代表的生产性服务业尤其是重中之重（周姝彤等，2019）。因此，本书选用"服务业增加值占地区生产总值比重"作为衡量服务业发展的指标，"金融业增加值占比"作为备选指标予以参考。

2）工业是最主要的物质生产部门，为各行业、居民生活的经济活动提供物质产品，这一重要作用是其他任何产业部门都无法替代的。本书选用"规模以上工业增加值"作为反映工业生产物量增减变动程度的指标，可以判断短期工业经济的运行走势以及经济的景气程度。

3）近年来，国家高度重视战略性新兴产业，多次强调要注重智能制造、生物产业、新材料等新兴产业的培育和发展。战略性新兴产业是实现新旧动能转换的关键所在，也是实现高质量发展的核心力量。因此，本书选用了"战略性新兴产业业务收入"这一指标。

4）数字经济是继农业经济、工业经济之后的主要经济形态，数字化运营、数字化生活和数字化治理正在成为社会的新常态。"十四五"规划纲要强调人工智能、大数据、区块链、云计算、网络安全、核心电子元器件等数字产业发展。国家统计局发布了《数字经济及其核心产业统计分类（2021）》，明确了数字经济的三要素（数据资源、现代信息网络和信息通信技术），核心产业包括数字产品制造业、数字产品服务业、数字技术应用业、数字要素驱动业。本书选用"数字经济核心产业增加值"来衡量数字经济的发展。

5）现代农业是在现代工业和现代科学技术基础上发展起来的农业，"十四五"规划纲要中强调在东北振兴过程中，加快发展现代农业，保障国家粮食安全。本书选用"农业机械化水平"衡量农业生产过程中机械作业利用程度，体现了农业发展方式的转变，反映了农业现代化。

以上5个指标分别反映了服务业、工业、战略性新兴产业、数字经济核心产业、现代农业等重要产业。由于产业发展涉及内容广泛，仍有一些重点关注产业，本书选择了3个指标作为备选。"十四五"规划纲要强调了健全现代文化产业体系，扩大优质文化产品供给，满足人民日益增长的文化需要。本书选用"文化产业增加值占地区生产总值比重"来反映文化产业的发展。金融业是产业发展的重要部分，本书选用"金融业增加值占比"反映金融产业的发展。此外，因"百万元产业项目数""千万元产业项目数""亿元以上产业项目数"提及频次较多，将其合并为"规模以上产业项目数"。

（3）企业活力。企业活力是企业生产经营活动得以迅速发展的内在力量，国民经济是能够富有生机和活力的基础。

1）改革开放40多年来，正是由于国企民企"比翼齐飞""两条腿"齐步并进，才保证了中国经济的高速发展。数据显示，民企用近40%的资源，创造了中国60%以上的GDP，缴纳了50%以上的税收，提供了80%以上的就业岗位。从智能手机到网络购物，从快递服务到共享经济，近几年涌现出的许多新业态、新模式在很大程度上来自民企的贡献，甚至提出企业发展的公式：国企实力+民企活力=企业竞争力。在振兴老工业基地的过程中，东北老工业基地最大的难题是国有经济比重高，提升企业活力的重点是使国有经济与民营经济相互融合（李凯、史金艳，2003）。本书选用"民营企业主营业务收入增长率"和"国企利润总额增长率"来反映民企和国企的实力与活力。"国有'僵尸企业'处置数""国有企业'以投促引'产业项目数"等作为备选指标反映国有改革发展。"个体工商户数"和"小微企业贷款新增额"作为备选指标反映民营企业的活力。

2）企业的节能降耗、产能优化是作为经济转型的目标之一，也是转变经济发展方式、调整经济结构、提高经济增长质量和效益的重大举措。本书选择"淘汰落后产能企业数"响应产能过剩行业结构调整、抑制重复建设、提升企业活力的举措。

3）东北地区和东南地区共同关注企业转型升级，包含"'个转企'户数""'小升规'企业数""'规升巨'企业数"3项指标，将这三项指标进行加工处理，统称为"升级企业指数"。

4)"上云企业"中的"云"是指云计算,以互联网为平台,将硬件、软件、网络等系列资源统一起来,实现数据的计算、储存、处理和共享的模式。"上云"有利于推动企业加快信息化、数字化、智能化转型,提升企业的业务创新能力。因此,"上云企业数"可以作为衡量地区企业活力的重要指标。

基于上述内容,本书构建了经济发展层面评价指标体系,如表4-8所示。其中,各项指标的具体解释与公式详见附录。

表4-8 经济发展层面指标体系

三级指标	评价指标	备选指标集
经济基础	人均地区生产总值	—
	地区生产总值增速	
	全员劳动生产率	
	固定资产投资额	
	社会消费品零售总额	
产业发展	服务业增加值占生产总值比重	规模以上产业项目数、文化产业增加值占地区生产总值比重、金融业增加值占 GDP 比重
	规模以上工业增加值数	
	战略性新兴产业业务收入	
	数字经济核心产业增加值	
	农业综合机械化水平	
企业活力	升级企业指数	国有企业"以投促引"产业项目数、国有"僵尸企业"处置数、个体工商户数、小微企业贷款新增额
	"上云"企业数	
	淘汰落后产能企业数	
	民营企业主营业务收入增长率	
	国企利润总额增长率	

第二节　政府效能层面的指标体系

（一）指标筛选结果

在优选指标条目归属的117个"主题"中，根据主题词与政府效能各方面的相关性和关联度，选取与政府效能相关的主题，如"政府""建设""改善""改革"等，确定政府效能层面的47个优选主题，具体如表4-9所示。

表4-9　政府效能层面优选主题

优选主题					
建设	攻坚战	治理	惠民	服务	体系
社会	深化改革	供给	现代化	推进	风险
工作	三大	优化	文明	人民	综合
改善	攻坚	现代	任务	领域	城市规划
改革	营商	工程	支撑	生产	功能
环境	结构性	投资	管理	区域	美丽
政府	基础设施	目标	主要	防控	疫情
实事	农村	战略	重点	公共服务	—

1. 东北地区入围指标

根据政府效能的优选主题，从指标集中筛选获取东北地区政府效能相关的指标集。东北地区政府效能维度下共获取1555条指标记录，对重复指标及其参数进行筛选和整理，共获取185项指标。确认指标含义与政府效能的关联代表程度，从185项指标中筛选与政府效能直接相关的指标，共39项指标。其中，对于政府效能中有关民生治理措施和成效的相关指标，按照"取大放小"的原则进行处理，如留取"民生实事完成数"等指标，筛除"城乡脱贫人数"等细化衡量民生问题的指标，避免入围指标与民生福祉维度指标重合度过高，进而影响最终的东北全面振兴指标体系中指标之间的独立性。

进一步地，将存在指标名称不同但表征含义和测度内容相似的指标，如"企业减税降费数额"和"为企业减负金额"再次进行规整，最后获取 23 项入围指标，其中，将"人大代表议案办理率"和"政协代表建议、议案办理率"等相关指标合并融合为"人大、政协代表议案办理率"。

为了保证入围指标的完整性，依据"查缺补漏"的筛选步骤，从东北地区整体指标集中，采取关键词检索方法，检验是否存在未入围的代表性指标，检验结果表明东北地区政府效能入围指标完整性较高，未有新增入围指标。东北地区政府效能层面入围指标如表 4-10 所示。

表 4-10　东北地区政府效能入围指标

入围指标		
人大、政协提案建议办理率	美丽乡村建成数量	创业担保贷款发放金额
一般公共预算收入增长率	引进各类人才人数	民生实事完成数
市场主体新增数	政务服务事项网上实办率	一般性支出压减率
查处违法案件数	出台政策措施数	行政许可事项全程网办率
拆除违法建设面积	土地流转面积占比	生产安全事故起数
为企业减负金额	新建 5G 基站数	商品房库存去化周期
扶贫项目投入额	取消、下放行政审批事项数	新增养老床位数
贫困发生率	化解信访案件化解率	—

2. 东南地区入围指标

依据政府效能的优选主题，从指标集中筛选获取东南地区政府效能相关的指标集，东南地区政府效能层面下共获取 1955 条指标记录，对重复指标及其参数进行筛选和整理，共获取 323 项指标。进一步确认指标含义与政府效能的关联代表程度，从 323 项指标中筛选与政府效能直接相关的指标，共 65 项指标。东南地区指标留取原则与东北地区相同，在此不再赘述。

将存在指标名称不同但表征含义和测度内容相同的指标，如"生产安全事故起数"和"安全生产事故起数"以及"生产中安全事故数"等指标再次进行规整。与东北地区处理方式保持一致，将"人大代表议案办理率"和"政协代表建议、议案办理率"等相关指标合并融合为"人大、政协代表议案办理率"。同时，对于"重点项目投资额"与"重点项目投资计划完成额"等指标，依据指标指向性统一进行合并的原则，进行合并处理为"重点项目投资及完成率"，共获得27项政府效能的入围指标。

依据"查缺补漏"的筛选步骤，从东南地区整体指标集中，运用关键词检索方法，检验是否存在未入围的高代表性指标，检索结果表明政府效能下的相关主题词覆盖范围较为完善，未发现入围指标之外高相关性指标。东南地区政府效能最终入围指标27项，如表4-11所示。

表4-11 东南地区政府效能入围指标

入围指标		
一般公共预算收入增长率	拆除违法建设面积	一般性支出压减率
人大、政协议案建议办理率	新建5G基站数	国有"僵尸企业"处置数
市场主体新增数	盘活存量用地面积	新增危险废物处置能力
重点项目投资及完成率	打掉黑恶犯罪团伙个数	不动产登记办理时间
引进各类人才人数	政务服务事项网上实办率	民生事项"一证通办"数
为企业减负金额	基础设施建设投资增长率	"最多跑一次"实现率
美丽乡村建成数量	金融机构不良贷款率	保障性安居工程数
生产安全事故起数	"三公"经费下降率	全市城镇化率
制定、修订政府规章数	刑事案件发案下降率	一般公共预算民生支出占比

（二）东北地区及东南地区指标对比

1. 规模对比

从指标筛选规模看，如图4-2所示，东北地区和东南地区分别包含1555条和1955条指标记录。去除重复指标后，东北地区和东南地区分别包含185条和

323 条指标记录。东北地区和东南地区入围的指标个数分别为 23 项和 27 项。从指标整体规模来看，东南地区的指标规模更大，从指标的多样性和覆盖面来看，东南地区比东北地区整体上涉及范围更广，关注的层面更为丰富。同时，聚焦同一指向性的指标可以发现，东北地区关注方向较为单一，指标集内重复的指标较多，重复率相对较高，反映了东北地区近年来对政府治理和效能提升的关注层面未有很大的变动，且聚焦的问题较为固定。

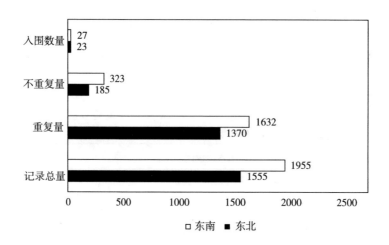

图 4-2 东北地区与东南地区指标规模对比

2. 共同指标分析

从东北地区和东南地区的入围指标中提取共同指标，共获得 8 项指标；进一步地，统计东北地区和东南地区共同指标出现频次，如表 4-12 所示。

表 4-12 东北地区和东南地区共同指标

指标名称	总频次	
	东北	东南
人大、政协代表议案办理率	220	438
一般公共预算收入增长率	210	912
市场主体新增数	186	240

续表

指标名称	总频次	
	东北	东南
拆除违法建设面积	79	99
为企业减负金额	76	163
政务服务事项网上实办率	49	46
新建 5G 基站数	32	64
一般性支出压减率	24	38

从共同指标可以看出：

（1）"人大、政协代表议案办理率"在东北地区和东南地区中均被重点关注，且频次在指标集中处于较高水平。这与近年来政府治理的规范要求不谋而合，议案、代表建议和政协提案是人大代表、政协委员根据宪法和法律的规定，对政府工作实行法律监督、民主监督的重要渠道，党的十九届五中全会强调办理议案、代表建议和政协提案是各级政府及其部门的一项重要职责，是履行宪法和法律的具体体现。在这一思想的指导下，东北地区和东南地区的各级政府对该部分工作都给予了较高的重视，其相关概念和指标被广泛关注和提及，因而选取"人大、政协代表议案办理率"为衡量政府政务服务质量等效能的重要指标。

（2）"一般公共预算收入增长率"也是东北地区和东南地区共同的"高频"指标。一般公共预算收入作为财政收入之一，主要包括税收收入、行政事业性收费收入、国有资源（资产）有偿使用收入、转移性收入和其他收入等部分，对于保障和改善民生、推动经济社会发展、维护国家安全、维持国家机构正常运转等方面有着重要的作用，同时也是各级地方政府发挥治理效能的基础和保障。

（3）与"一般公共预算收入增长率"相对应地，在东北地区和东南地区共同指标中，还出现了"一般性支出压减率"，相比于一般性收入作为政府机构的运行基础被关注的程度来说，其频次虽然较低，但是对于政府效能的提升以及政府治理的有效性而言，意义更甚。2016 年 6 月 20 日，财政部、全国人大常委会办公厅、全国政协办公厅、国管局、中直管理局联合发布通知，细化规定了一般性支出各项内容和要求，一般性支出主要是指党政机关维持运转或是履行职能所需的费用。作为政府部门的"钱袋子"，优化一般性支出的结构，合理压缩支出额度，既是政府部门的政治责任，也是保持清正廉洁、确保权力始终在正确的轨道上运行的重要内容。

（4）"市场主体新增数"与"为企业减负金额"均为东北地区和东南地区政府效能方面的入围指标，在一定程度上可以体现政府对于营商环境的影响，反映政府和市场之间的关系。其中，粗略对比"市场主体新增数"和"为企业减负金额"在两个地区指标集中出现的频次，可以发现东南地区政府对于地区企业发展、市场活力等方面的关注明显要优于东北地区。而"拆除违法建设面积"在东北和东南地区政府效能的入围指标中具有相似程度的代表性，拆除违法建设作为政府部门严肃法纪，发挥管理职能的举措之一，对于维护社会公平稳定，落实城市城乡建设规划十分关键。

（5）"政务服务事项网上实办率"能够共同出现在东北地区和东南地区的入围指标中，与"十四五"规划和2035年远景目标纲要中明确提出的"提高数字化政务服务效能"的目标和要求密不可分。将数字技术广泛应用于政府管理服务，不仅是建设数字中国的重要内容，也是推动数字化建设成果惠及广大人民群众的有效举措。加强数字化政务服务效能，提高"政务服务事项网上实办率"对于提升政务服务效能、提升人民群众获得感和幸福感安全感具有重要意义。"新建5G基站数"作为数字化建设以及互联网升级的基础工程，既与数字化政府的建设息息相关，同时也体现着创新技术的提升水平。

3. 差异指标分析

东北地区和东南地区对于政府效能的关注，除了在市场活力、政府监管等方面具有相同之处，更多的是在政府治理优化和改革的过程中存在着一定的差异。为了更清晰地对比东北地区和东南地区关于政府效能的入围指标的差异，剔除共同指标，形成东北地区和东南地区的差异指标，详情见表4-13和表4-14。

表 4-13 东北地区特有指标

指标名称	总频次	指标名称	总频次
查处违法案件数	110	信访案件化解率	29
扶贫项目投入额	74	创业担保贷款发放金额	26
贫困发生率	65	民生实事完成数	25
美丽乡村建成数量	53	行政许可事项全程网办率	23
引进各类人才人数	51	生产安全事故死亡人数	23
出台政策措施数	40	商品房库存去化周期	22
土地流转面积占比	39	新增养老床位数	22
取消、下放行政审批事项数	30	—	—

表 4-14 东南地区特有指标

指标名称	总频次	指标名称	总频次
重点项目投资及完成率	190	刑事案件发案下降率	43
新引进各类人才数	176	国有"僵尸企业"处置数	37
乡村绿化美化示范村数	159	新增危险废物处置能力	34
生产安全事故起数	131	不动产登记办理时限	28
制定、修订政府规章数	103	民生事项实现"一证通办"数	27
盘活存量用地面积	56	"最多跑一次"实现率	25
打掉黑恶犯罪团伙个数	50	保障性安居工程开工建设数	21
基础设施建设投资增长率	45	全市城镇化率	21
银行业金融机构不良贷款率	44	一般公共预算民生支出占比	20
"三公"经费下降率	43	—	—

从东北地区和东南地区的差异指标可以看出：

（1）东北地区对于简政放权、脱贫攻坚等与百姓息息相关的内容更加关注，"扶贫项目投入额""贫困发生率""取消、下放行政审批事项数""行政许可事项全程网办率"等指标均可以体现这一倾向。作为政府基础性职能的内容，东南地区差异指标中也存在相似指标，如"一般公共预算民生支出占比""民生事项实现'一证通办'数""'最多跑一次'实现率""不动产登记办理时限"等指标均同样体现简政放权、利民便民的政府治理思想。然而，根据指标名称及测度含义可以发现，东南地区在该问题上的测度指标更加细化，选取标准是以"建设数字化政府"为目标开展的，该差异性在一定程度上体现了东北地区和东南地区政府效能实现阶段的不同。

（2）"十四五"规划和2035年远景目标纲要明确提出"提高数字化政务服务效能"，将数字技术广泛应用于政府管理服务。针对这一要求，浙江政府大力推进"数字赋能"，全方位深化政府数字化转型，通过打造"整体智治、唯实唯先"现代政府，让政府服务方式从"碎片化"转变为"一体化"，群众、企业办事从"找多个部门"转变为"找整体政府"，并运用云计算、大数据、人工智能等数字技术，促进政府履职和政府运行形成即时感知、科学决策、主动服务、高效运行、智能监管的新型治理形态。针对这一差距，东北地区未来在建设一体化服务平台、各地区一网通办、联通联办、协同共办等方面还需要进一步引导和加强。

（3）从指标实质关注内容层面看，相对于东北地区，东南地区存在部分独有的入围指标，包括"银行业金融机构不良贷款率""刑事案件发案下降率""新增危险废物处置能力"以及"国有'僵尸企业'处置数"等指标。根据这些指标的指向内容，可以初步推断东南地区政府对于社会经济稳定方面的治理力度更大。依托于现代政府治理理念与目标，王峰（2021）认为积极有序地激发多元主体的活力，激发包括政府公务员、社会组织、企业个体以及公民的活力，是政府在改革和升级中的必然要求。平衡好"管"与"放"之间的关系，继续深入提升政府的服务效能，深化"放管服"改革，破解经济向高质量发展转型的体制机制障碍，是东北地区未来需要关注的重点问题。

（三）政府效能测度指标

1. 指标初选

由指标筛选结果可知，东北与东南地区共入围50个指标，但部分指标之间存在测度重叠现象，如"生产安全事故死亡人数"与"生产安全事故起数"均反映了一个地区监管治理的水平。因此，在最终确定政府效能测度指标之前，本书对入围指标进行了初步优选。指标初选的四个标准包括：①在政府报告中出现频次大的指标；②东北地区和东南地区共同关注的指标；③东北地区特色指标（体现东北地区在政府效能层面的优势）或东南地区特色指标（为东北地区未来的发展提供参考）；④尽量避免重复测度的指标。基于这四个标准，政府效能层面的指标初选结果如表 4-15 所示。

表 4-15　政府效能层面初选指标

初选指标		
市场主体新增数	"三公"经费下降率	打掉黑恶犯罪团伙个数
为企业减负金额	不动产登记办理时限	行政许可事项全程网办率
信访案件化解率	出台修订政府规章数	政务服务事项网上实办率
死亡人数下降率	刑事案件发案下降率	人大、政协代表议案办理率
一般性支出压减率	商品房库存去化周期	取消、下放行政审批事项数
拆除违法建设面积	"最多跑一次"实现率	民生事项实现"一证通办"数
金融机构不良贷款率	—	—

2. 指标归类

政府效能作为发展的全局基点，是政府机构设置和职能配置优化，也是机构改革深化，职责明确、依法行政的政府治理体系的形成，更是政府公信力和执行力增强的体现。党的十八大以来，提升政府效能一直反复被提出，是政府工作的重点也是难点。对于过去几年政府改革所取得的进展，徐换歌等（2020）认为无论是多证合一等"放管服"改革，还是大力促进创新创业，都旨在释放规范政府治理，激发社会与市场活力，激发百姓的创业精神和创新热情。同时，《中共中央关于制定国民经济和社会发展第十四个五年规划和二〇三五年远景目标的建议》，从简政放权、优化营商环境、提升决策水平、推进政务服务质量等方面，对建设职责明确、依法行政的政府治理体系做出了明确的要求和战略部署。

在政府效能的提升方面，尤其是对于营商环境的打造和行政服务效率的提升，东南地区一直走在改革优化的前列，以浙江省为例，自 2016 年以来的"最多跑一次"改革，擦亮了浙江改革的金字招牌。《人民日报》对此评论时提到，与前期政府改革积累的成就相比，以"最多跑一次"为例的改革是在省域范围内公共服务规划和供给制度安排进行的审慎变革，在提供公共服务方式上进行整体创新，在政府流程再造、资源整合中打破公共管理资源碎片化，从而实现整体性治理。

转看东北地区，李洪山等（2021）提出东北地区虽然传统工业发展基础雄厚，但是营商环境欠佳成为影响其纵深发展的掣肘因素，对于东北地区的政府效能提升，迫切需要从优化政府治理模式、深化政府放管服、撬动社会力量协同发展、扩大招商引资等方面入手，抓住"东北振兴"的战略契机，结合供给侧结构性改革，提升政府服务意识和社会公信力，加强监管改革力度，平衡"放"与"管"的关系，充分发掘东北地区内生力量，激发东北地区内在发展动能。根据以上论述，将政府效能作为评价东北老工业基地全面振兴的测度层面之一，十分契合东北地区的实际情况。具体地，依据新时代下政府的三大职能，从营商环境、行政服务和监管治理三个方面设计筛选相关评价指标。

（1）营商环境。政府承担着按照党和国家决策部署推动经济社会发展的责任，如何处理政府和市场的关系，构建良好的营商环境，促进地方经济发展，是各地区各级政府面临的挑战。营商环境作为一个国家或地区经济软实力的重要体现，是提高竞争力的重要内容。习总书记在推进东北振兴座谈会上强调，东北地区是我国重要的工业和农业基地，关乎国家发展大局。但近年来，在我国经济整体转型升级的大背景下，东北地区面临经济增长乏力、部分行业和企业生产经营困难等问题。东北目前面临的经济活力不足的问题，在东北地区和东南地区的入围指标对比中也能窥见一二，市场化程度不够高，政府改革处在早期阶段，民营经济活力不足，主要靠要素投入和投资拉动的经济增长模式尚未完全扭转等，都是亟待政府进行调节治理的问题。

中国宏观经济研究院常修泽教授（2018）认为，以优化营商环境为基础全面深化改革，是当前东北振兴的"牛鼻子"。吕雁琴等（2021）提出建立营商环境评价体系是经济转型发展的需要，通过分析营商环境指标，有助于扬长避短，提高补短板的针对性，更好改善营商环境，助力经济高质量发展。由此可见，东北地区各级政府需要积极运用调控手段，扭转政府治理观念，提升政府整体效能。

针对这一目标和要求，最终选取"市场主体新增数""为企业减负金额""'最多跑一次'实现率""不动产登记办理时限""行政许可事项全程网办率"等指标作为政府效能中营商环境的测度指标。

其中，根据优选的入围指标情况，"行政许可事项全程网办率"为东北地区较为关注的指标，在一定程度上可以体现东北地区在"管"和"放"之间的平衡。而"不动产登记办理时限"和"'最多跑一次'实现率"主要是东南地区近年来着重关注的问题，将其纳入指标体系，有利于东北地区对标东南地区，更好地发挥政府效能，符合指标体系引导性的设计理念。

（2）行政服务。自古以来政府与百姓的关系是最为密切的，政府承担着按照党和国家决策部署推动服务人民群众的重大职责，是贯彻落实十四届五中全会精神的重要实施主体。李克强总理在 2018 年推动政务服务改革不断向纵深发展会议上强调，政府效能的提升离不开政务服务的改革，政务服务改革的核心是推动政府职能转变，保证更好地发挥政府作用。要想实现这一点，一方面需要加强政策制度层面的保障，重视落实人大、政协代表提出的各项议案，保证百姓的意志能够"上传"。同时，还需要根据地方情况出台符合实际的政策措施，打通治理理念"下达"的通道。需要持续简政放权，优化各项政务服务流程，提升行政服务的效率，将为人民服务落到实处。

依据以上论述，最终选取"民生事项实现'一证通办'数""取消、下放行政审批事项数""政务服务事项网上实办率""人大、政协代表议案办理率""信访案件化解率"等指标作为政府效能中行政服务的测度指标。其中，"信访案件化解率"作为东北地区入围优选指标，符合目前东北地方各级政府正处在改革阵痛期的实际情况，具有非常现实的测度意义。

（3）监管治理。提高政府效能不仅需要对外的优化和改革，更需要敢于重塑自身，将刀刃向内展开政府自身的革命。同时，政府还承担着按照党和国家决策部署管理社会事务，维护社会公平稳定的重大职责，习近平总书记指出，要坚持把实现好、维护好、发展好最广大人民根本利益作为推进改革的出发点和落脚点，让发展成果更多更公平地惠及全体人民，唯有如此改革才能大有所为。而衡量政府效能中的监管治理水平无疑是对以上目标的实践和落实，刘建义（2019）对于政府的监管治理更是提出了，政府需要从分散监管向协同监管过渡，从重点监管转变为全面监管，从静态监管进步到动态监管，从人工监管迈进智慧监管。基于以上论述，同时综合考量东北地区实际情况以及与东南地区的差异性，最终选取"'三公'经费下降率""一般性支出压减率""刑事案件发案下降率""金融机构不良贷款率""拆除违法建设面积"等指标作为政府效能中监管治理的测度指标。

综合以上内容，在营商环境、行政服务及监管治理三个方面，各筛选5个指标进行测度，形成最终政府效能测度的指标体系（见表4-16），综合体现了"十四五"规划中强调突出的，新时代背景下政府推动经济社会发展、管理社会事务、服务人民群众的职能与作用。

表4-16 政府效能层面指标体系

三级指标	评价指标	备选指标集
营商环境	市场主体新增数	—
	为企业减负金额	
	"最多跑一次"实现率	
	不动产登记办理时限	
	行政许可事项全程网办率	
行政服务	信访案件化解率	出台修订政府规章数
	取消、下放行政审批事项数	
	政务服务事项网上实办率	
	人大、政协代表议案办理率	
	民生事项实现"一证通办"数	
监管治理	"三公"经费下降率	死亡人数下降率、商品房库存去化周期、打掉黑恶犯罪团伙个数
	一般性支出压减率	
	刑事案件发案下降率	
	金融机构不良贷款率	
	拆除违法建设面积	

第三节　创新驱动层面的指标体系

（一）指标筛选结果

在优选后指标条目归属的 117 个"主题"中，根据主题词与创新驱动各方面的相关性以及关联度，选取与创新驱动相关的主题，如"发展""创新""科技""人才"等，确定创新驱动维度下的 22 个主题，具体如表 4-17 所示。

表 4-17　创新驱动层面优选主题

优选主题					
发展	环境	科技	任务	水平	培育
建设	转型	动能	支撑	质量	基础设施
创新	驱动	创业	主要	企业	—
项目	人才	战略	实施	综合	—

1. 东北地区入围指标

依据创新驱动优选主题，从指标集中筛选获取东北地区创新驱动相关的指标集，共获取 724 条指标记录。对重复指标及其参数进行筛选和整理，共获取 175 项指标。确认指标含义及其与创新驱动的关联程度，剔除关联程度低的指标，对更契合其他五个层面的指标进行删减，最后将存在指标名称不同但含义相同的指标进行归并，如"高新技术企业数"和"新增高新技术企业数"合并为一个指标。按上述处理过程，共有 8 项指标入围创新驱动层面。

为了保证入围指标的完整性，依据"查缺补漏"的筛选步骤，从东北地区整体指标集中，采取关键词的检索方法，检验是否存在未入围的代表性较强的指标，根据检索结果，共获取 9 项与创新驱动关联度相对较大的指标，如"科技企业孵化器数""攻克关键核心技术数""吸收高校毕业生人数""产学研合作项目数"等。总体而言，东北地区共计入围指标 17 项，具体结果如表 4-18 所示。

表 4-18　东北地区创新驱动入围指标

入围指标		
高新技术企业数	科技成果转化实现数	专利申请量
科技型中小企业数	万人有效发明专利拥有量	攻克关键核心技术数
科技企业孵化器数	科技进步贡献率	吸收高校毕业生人数
R&D 经费占 GDP 比重	院士专家工作站数	农业科技园数量
5G 基站建成数	高新技术企业产值增长率	产学研合作项目数
技术合同成交额	研发机构数	—

2. 东南地区入围指标

根据创新驱动优选主题，从指标集中筛选获取东南地区创新驱动相关的指标集，共计 958 条指标记录。对重复指标及其参数进行筛选和整理，共获取 284 项指标。确认指标含义及其与创新驱动的关联程度，剔除关联程度低的指标，对更契合其他五个层面的指标进行删减，最后将存在指标名称不同但含义相同的指标进行归并，如"5G 基站建成数"和"新增 5G 基站数"合并为一个指标。处理过程与东北地区保持一致。按上述处理过程，共有 13 项符合创新驱动的指标。

为了保证入围指标的完整性，依据"查缺补漏"的筛选步骤，从东南地区整体指标集中，采取关键词的检索方法，检验是否存在未入围的代表性较强的指标，根据检索结果，共获取 4 项与创新驱动关联度相对较大的指标，包含"农业科技园数量""技术合同成交额""产学研合作项目数""吸收高校毕业生人数"。总体而言，东南地区共计入围指标 17 项，具体结果如表 4-19 所示。

表 4-19　东南地区创新驱动入围指标

入围指标		
高新技术企业数	科技型中小企业数	产学研合作项目数
R&D 经费占 GDP 比重	高新技术企业产值增长率	农业科技园数量

入围指标		
研发机构数	科技进步贡献率	技术合同成交额
科技企业孵化器数	5G 基站建成数	吸收高校毕业生人数
专利授权量	专利申请量	高新技术产业占规模以上工业增加值
万人有效发明专利拥有量	院士专家工作站数	—

（二）东北地区及东南地区指标对比

1. 规模对比

从指标规模上看，东南地区以 958 条指标记录高于东北地区的 724 条指标记录。去除重复指标后，东北地区和东南地区分别包含 175 条指标记录和 284 条指标记录。从入围的指标个数来看，东北地区和东南地区均为 17 项，在一定程度上表明东北和东南地区对于创新驱动的关注范围具有较强的一致性。两地区的对比结果如图 4-3 所示。

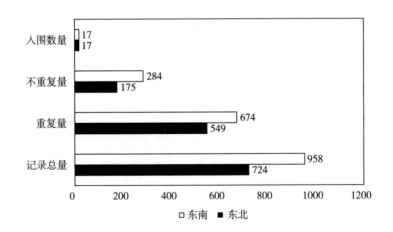

图 4-3　东北地区与东南地区指标规模对比

2. 共同指标分析

从东北地区和东南地区入围的指标中提取共同出现的指标，共获得 15 项共同指标，进一步统计不同地区指标出现的频次，结果如表 4-20 所示。

表 4-20　东北地区和东南地区共同指标

指标名称	总频次	
	东北	东南
高新技术企业数	329	488
科技型中小企业数	109	77
科技企业孵化器数	82	129
R&D 经费占 GDP 比重	56	263
5G 基站建成数	55	54
技术合同成交额	54	12
万人有效发明专利拥有量	35	80
科技进步贡献率	30	57
院士专家工作站数	29	34
高新技术企业产值增长率	27	24
研发机构数	24	133
专利申请量	19	51
吸收高校毕业生人数	12	12
农业科技园数量	11	13
产学研合作项目数	10	17

从共同指标可以看出：

（1）整体来看，东北地区和东南地区相同的指标数量达到了 15 个，整体占比均达到了 88% 以上，在一定程度上表明，两个地区对于创新驱动的关注程度具有很大的一致性，对于国家相关政策文件的研读以及落实情况较好。

（2）从基础环境来看，东北地区和东南地区对于高新技术企业的发展均很看重，提及的频次均最高，且远超各自的第二名，可见，高新技术企业的发展对于创新驱动战略的实施有很强的带动引领作用。在基础设施建设方面，东北地区和东南地区对科技企业孵化器的建设均给予了较大的关注度，在一定程度上响应了大众创业、万众创新的政策，大力解放和发展生产力；对 5G 基站的建设，东北地区和东南地区提及频次比较接近，互联网时代，加大 5G 基站的建设，一定程度上促进了互联网产业以及相关产业的发展，提高了大数据、物联网等高新技术的普及和应用。东北和东南地区对于院士专家工作站的建设也给予了一定的关注度，但整体频次不高。对于农业科技园的建设，东北地区和东南地区关注程度均较低，保持在后五位的状态，且整体频次呈现低水平状态。为深入实施创新驱动发展战略，推动新型研发机构健康有序发展，提升国家创新体系整体效能，科技部制定了《关于促进新型研发机构发展的指导意见》，而东南地区对于研发机构的重视程度要远高于东北地区，在一定程度上表明了东南地区对该类型政策文件的响应程度要更积极一些。

（3）从资源投入来看，东北地区和东南地区对 R&D 经费占 GDP 比重的提及率均保持在前五位，在一定程度上表明了科技的发展离不开研发经费的支持，在这方面，东北地区和东南地区的投入水平均较高。但是从频次上来看差距较大，东南地区提及的频次要远高于东北地区，侧面反映了东南地区更加关注研究与试验发展经费投入。而对于高校毕业生的吸引、产学研合作项目两项指标，东北地区和东南地区的关注程度要低一些，且整体频次较低。

（4）从成效产出来看，在对专利拥有数量的度量上，东北地区和东南地区均呈现了较高的重视程度，排名分别为第七位和第五位。但根据提及的频次，东南地区对于发明专利的申请、授权、拥有数量均表现出了较高的关注，反观东北地区对于这几项指标的关注程度相对较低，表明东南地区对于专利的重视程度较高，而东北地区对于专利的申请、授权、拥有数量的重视程度需要进一步加强。观察"技术合同成交额"和"科技成果转化实现数"这两项指标，东北地区的关注度要更好一些，侧面反映了东北地区对科技成果转化的数量和质量的重视程度。而对于"科技进步贡献率"这一指标，东南地区的关注度更高。

3. 差异指标分析

对比东北地区和东南地区指标的统计信息，整体上呈现较多的相似性。为了更加清晰地对比东北地区和东南地区关于创新驱动入围指标的差异，剔除共同指标，形成东北地区和东南地区的特有指标，如表4-21和表4-22所示。

表 4-21　东北地区特有指标

指标名称	总频次
科技成果转化实现数	49
攻克关键核心技术数	16

表 4-22　东南地区特有指标

指标名称	总频次
专利授权量	90
高新技术产业占规模以上工业增加值比重	59

对比东北地区和东南地区的差异性指标，可以看出：

（1）整体来看，东北地区和东南地区差异性指标总计有 4 个，差异较小。局部来看，东南地区比东北地区多出"专利授权量"和"高新技术产业占规模以上工业增加值比重"两项指标；而东北地区比东南地区多出"科技成果转化实现数"和"攻克关键核心技术数"两项指标。差异性的指标均隶属于产出类型的指标，在一定程度上表明，东北地区和东南地区对创新驱动关注角度的差异主要体现在产出结果上。

（2）"十四五"规划以及党的十九届五中全会中均提出，要加强原创性引领性科技攻关，强化关键核心技术的研究，实施一批具有前瞻性、战略性的国家重大科技项目。从国家急迫需要和长远需求出发，集中优势资源攻关关键元器件零部件和基础材料、油气勘探开发等领域关键核心技术。而东北地区则凸显了对于该项指标的关注程度，虽然整体频次较低，但对于实施科技攻关，布局未来的科技发展方向，加强创新驱动战略的实施，具有一定的积极意义。另外，东北地区对于"科技成果转化实现数"的关注程度较高，该指标是将科技成果转化为现实产品并实现产业化与市场化的过程，也是科学技术发挥潜在作用的首要工作与必经过程。

（3）相比于东北地区，东南地区对于"专利授权量"表现出了更高的关注度，该指标可以较好地衡量地区的创新活力、公众整体的创新意识，侧面表明东南地区的创新氛围要好一些。"高新技术产业占规模以上工业增加值比重",代表高新技术产业的相对发展情况,"十四五"规划中提到,强化高新技术产业开发区的创新功能,而作为高新技术产业开发区的主体,该产业的发展对于地区创新驱动战略的实施,具有较强的引领带动作用,体现出东南地区注重依托高新技术产业的创新优势,促进该地区的创新发展,这对东北地区的创新发展具有积极的借鉴意义。

(三) 创新驱动测度指标

创新驱动作为"十四五"时期经济社会发展中着重强调的一个部分,积极响应了"创新"的发展理念,作为经济社会发展的核心动能,具有不可替代的重要作用。《国家创新驱动发展战略纲要》中强调"科技创新是提高社会生产力和综合国力的战略支撑,必须摆在国家发展全局的核心位置"。在"十四五"规划中,也重点提到了"坚持创新驱动发展,全面塑造发展新优势"。随着中国进入社会主义建设的新阶段,提高整体的创新发展水平,具有十分重要的现实意义。

1. 补入指标及说明

通过指标处理以及分析过程,可以发现相应的指标数量较为丰富,且具有很强的代表性,但根据《国家创新驱动发展战略纲要》、"十四五"规划以及东北振兴相关的政策文件、报告等,上述指标并不能全面反映东北地区的"创新驱动",为更好地凸显创新驱动的内涵,在现有指标体系的基础上,本研究进行了相关书籍、政策文件以及有关文献的查阅工作。

科技创新的发展离不开政府的大力支持,财政部网站提到,"十三五"时期财政科技支出年均增长 10.37%,政府及其相关部门对科技发展的支持,在一定程度上促进了创新驱动战略的实施。此外,东北振兴司提到了"人均科技投入",并将其纳入评价指标体系中,《东北老工业基地全面振兴进程评价》给出了"科技创新支出强度"评价指标,两者分别从人均科技财政支持力度和科技财政支出占一般财政预算支出比重两个角度,进行政府及其相关部门对科技财政支出强度的衡量。因此，本书参考相关文件、报告，最终将"人均科技投入"和"科技创新支出强度"纳入指标体系之中。

《国家创新驱动发展战略纲要》强调"建设高水平人才队伍，筑牢创新根基""加快建设科技创新领军人才和高技能人才队伍"；"十四五"规划中强调激发人才创新活力，全方位培养、引进、用好人才，充分发挥人才第一资源的作用，突出强调了人才在创新驱动中的重要性；国家统计局发布的新中国成立70周年经济社会发展成就报告显示，截至2018年，按折合全时工作量计算的全国研发人员总量已连续6年稳居世界第一位。此外，在《东北老工业基地全面振兴进程评价》中给出了"研发（R&D）人员占比"指标，用于衡量研发人员的投入强度。结合上述文件参考，本书将"研发（R&D）人员占比"纳入指标体系之中。

2. 指标初选

由指标筛选结果可知，东北地区与东南地区共入围22个指标，为尽量降低部分指标存在重复测度的现象，在最终确定创新驱动测度指标之前，本书对入围指标进行了初步优选。指标初选的四个标准为：①在政府工作报告中出现频次高的指标；②东北地区与东南地区共同关注的指标；③东北地区特色指标（体现东北地区在创新驱动层面的优势）或东南特色指标（为东北地区未来的创新驱动提供参考）；④尽量避免重复测度的指标。基于这四个标准，创新驱动层面的指标初选结果如表4-23所示。

表4-23　创新驱动层面初选指标

初选指标		
科技型中小企业数	5G基站建成数	攻克关键核心技术数
高新技术企业数	研发机构数	产学研合作项目数
技术合同成交额	科技企业孵化器数	R&D经费占GDP比重
人均科技投入	科技进步贡献率	高新技术企业产值增长率
专利授权量	科技创新支出强度	万人有效发明专利拥有量
专利申请量	农业科技园数量	科技成果转化实现数

续表

初选指标		
研发（R&D）人员占比	院士专家工作站数	高新技术产业占规模以上工业增加值
吸收高校毕业生人数	—	—

3. 指标归类

2016 年 5 月 19 日，中共中央、国务院印发了《国家创新驱动发展战略纲要》（以下简称《纲要》），强调科技创新是提高社会生产力和综合国力的战略支撑，必须摆在国家发展全局的核心位置。该《纲要》从信息网络技术的发展，建设和完善创新创业的载体，发展创新经济，以及形成大众创业、万众创新的生动局面和发展新型研发机构的需求上绘出了总括性的蓝图。同时，本书认为"中国创新指数"可以从创新投入、创新产出等方面进行衡量。创新投入是创新驱动的一个重要保障，研发人员、研发经费、合作项目等源源不断地涌入，才能确保创新驱动更好地实施，为该战略的推行保驾护航、提供动力支持。其次，创新产出作为创新驱动的重要表现形式，如"专利的授权量""技术合同成交额"等，是衡量创新驱动结果的重要实现方式。此外，国家创新指数报告（2020）、中国区域创新能力评价报告（2020）、吴海建等（2015）、吴优等（2014）、上海财经大学课题组（2014）、李燕萍等（2016）、靳思昌（2016）均对创新的成果方面展开了细致的探讨。基于国家出台的相关政策文件以及相应的研究成果，以及结合筛选和补入的指标，本书从创新基础、创新投入、创新产出三个方面对创新驱动层面下的指标进行归类。

（1）创新基础。创新基础为创新驱动的实施提供了"基石"，主要涉及更好满足创新驱动的基础设施、创新载体需求等方面。互联网时代下，5G 基站的建设对于大数据、物联网等新兴产业的发展提供了重要的信息化保障，也有利于提高相应企业的信息化建设；研发机构是具有自主研发能力的技术创新组织载体，能够较好反映地区的创新载体建设；科技企业孵化器积极响应了大众创业、万众创新的政策号召，为众多初创企业以及高新技术中小企业的培育和扶植，提供了服务保障；高新技术企业、科技型中小企业的数量，在东北和东南地区的提及频次均较高，两个地区对该类指标表现出了很大的关注度，在一定程度上能够反映地区的创新发展现状以及未来创新潜力。这五个指标能够较好地反映创新驱动的基础设施、载体及现状等方面的建设情况，因此，本书从东北地区和东南地区的指标集中选择这五项指标作为评价创新基础的重点指标。此外，"院士专家工作站数""农业科技园数量"也符合创新基础的归类标准，为保留关键测度指标，将此类型指标作为备选指标并纳入整个指标体系之中。

（2）创新投入。创新投入是创新驱动的一个重要保障，为创新驱动的顺利推行"保驾护航"。"R&D经费占GDP比重"直观地反映了研究与试验发展经费的投入强度，与GDP的比值，突出强调了对于科研创新的重视程度和支持力度；"科技创新支出强度"则从科技财政支出占一般财政预算支出的比重出发，衡量政府对于创新投入的支持力度；"研发（R&D）人员占比"体现了地区研发人员的相对数量，"吸收高校毕业生人数"体现了地区对于人才的重视程度，两者从人才保障的视角反映了创新投入；"产学研合作项目数"是指企业、科研院所和高等学校之间的合作，从项目建设的角度给出了创新投入水平的衡量。这五项指标能够较好地反映创新投入的重点内容，因此，本书将其作为评价创新投入的重要指标。此外，将"人均科技投入"作为备选指标纳入指标体系之中。

（3）创新产出。创新产出是衡量创新驱动的一个重要维度，直接关系到创新驱动实施的效果。"万人有效发明专利拥有量"积极响应"十四五"规划中经济社会发展的主要指标，能够鲜明地展现地区发明创造的活力；突破关键核心技术的瓶颈，打破国外关键核心技术的垄断，一直是创新驱动战略的重要内容，"攻克关键核心技术数"能够积极地展现地区在科研攻坚、创新发展中的成效；"技术合同成交额"是衡量一个地区科技成果转化的重要方面；"科技进步贡献率"反映了科技进步对经济增长的贡献份额，很好地突出了创新产出的作用；高新技术企业是创新发展中的重要力量，"高新技术企业产值增长率"是体现其发展水平的重要表现形式。这五项指标较好地反映创新产出的核心内容，因此，本书将其作为评价创新产出的重要指标。此外，备选指标包含："高新技术产业占规模以上工业增加值""专利授权量""专利申请量""科技成果转化实现数"。

基于上述研究，本书构建了创新驱动层面指标体系，具体情况如表4-24所示。相应指标的含义及计算公式详见附录。

表4-24 创新驱动层面指标体系

三级指标	评价指标	备选指标集
创新基础	科技型中小企业数	院士专家工作站数、农业科技园数量
	高新技术企业数	
	5G基站建成数	
	研发机构数	
	科技企业孵化器数	
创新投入	研发（R&D）人员占比	人均科技投入
	吸收高校毕业生人数	
	科技创新支出强度	
	产学研合作项目数	
	R&D经费占GDP比重	
创新产出	技术合同成交额	高新技术产业占规模以上工业增加值、专利授权量、专利申请量、科技成果转化实现数
	万人有效发明专利拥有量	
	高新技术企业产值增长率	
	攻克关键核心技术数	
	科技进步贡献率	

第四节 区域开放层面的指标体系

（一）指标筛选结果

政府工作报告，主要涉及对一个地区过去一年的工作总结以及未来的工作方向，报告中所涉及的各项内容均是该地区在近几年内的关注重点，这是了解一个地区发展状况的重要途径。因此，本书从各地区政府工作报告入手，基于报告内容筛选相应指标，并对其进行处理，从而建立有关区域开放的指标体系。

本书基于近6年（2016~2021）各地区政府工作报告，从中检索指标名称或描述性名词，得到原始指标集并从中挑选组成优质样本。从选定的117项优选主题中选取与"区域开放"相关的主题，共有22个主题入选，如表4-25所示。

表4-25 区域开放层面优选主题

优选主题					
发展	改革开放	投资	任务	区域	融合
建设	深化改革	协调	主要	水平	人才
改革	对外开放	战略	合作	综合	—
项目	招商引资	开放	推进	有效	—

1. 东北地区入围指标

根据东北地区优选主题，从指标集中提取相关指标，共获得689条指标记录。按照"精益求精"步骤对包括相同名称、指标名称不同但含义相同的指标进行合并处理，共获得东北地区171项指标。从上述所得指标中剔除部分指标，并按照指标参数筛选与"区域开放"相关的指标，最终有11项指标入选。

进一步地，依据"查缺补漏"步骤，通过关键词（如"电商""旅游""开放""贸易""快递"等）搜索新增7项指标以补充反映东北地区"区域开放"发展状况，即"跨境电商进出口额""跨境人民币结算量""互市贸易进口额""新增出口企业数""电商企业数""服务贸易进出口额"和"农村电商服务站数"。东北地区最终的入围指标如表4-26所示。

表4-26 东北地区区域开放入围指标

入围指标		
旅客吞吐量	互市贸易进口额	引进内外资额
旅游总收入	新增出口企业数	服务贸易进出口额

续表

入围指标		
进出口总额	实际到位资金额	农村电商服务站数
电商企业数	实际利用外资额	跨境电商进出口额
项目引进数	金融机构引进数	跨境人民币结算量
人才引进数	电子商务交易额	快递业务量同比增长率

2. 东南地区入围指标

依据东南地区优选主题，共获得929条相关指标记录。对所得指标进行合并处理后，得到276项指标。对其进行剔除操作和按照相关参数进行筛选后，有17项指标与"区域开放"层面相关。

为了进一步补充和完善区域开放指标体系，依据"查缺补漏"步骤，搜索关键词如"一带一路""国际""外资""贸易"等，新增6项指标，即："跨境人民币结算量""注册外资实际到账""参与国际标准和国家标准制修订数""跨境网络零售出口额""农村电商服务站数"和"市场采购贸易出口额"。最终有23项指标入围，如表4-27所示。

表4-27　东南地区区域开放入围指标

入围指标		
项目引进数	实际利用外资额	跨境电商进出口额
旅客吞吐量	国际友好城市数	跨境人民币结算量
进出口总额	实际到位资金额	境内外上市企业数
货物吞吐量	金融机构引进数	注册外资实际到账
人才引进数	电子商务交易额	农村电商服务站数
旅游总收入	对外直接投资额	跨境网络零售出口额
快递业务量同比增长率	外商投资企业数	市场采购贸易出口额
参与国际标准和国家标准制修订数	服务贸易进出口额	—

（二）东北地区及东南地区指标对比

1. 规模对比

通过整理东北地区和东南地区入围指标，本书发现在样本规模上两地区差异较大。东北地区相较于东南地区在区域开放层面指标数量少、重复率高且关注范围窄、关注层面较为固定，两地区指标规模对比结果如图4-4所示。从图4-4中可以看出，东北地区在指标记录总数、不重复指标量及筛选后指标数量三个方面均落后于东南地区，其中不重复指标数仅为东南地区的5/8，指标重复率为75%，比东南地区高了近5个百分点。

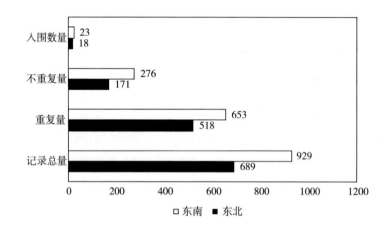

图4-4　东北地区与东南地区指标规模对比

2. 共同指标分析

从东北地区和东南地区入围指标中提取相同名称指标（共计14项指标），并统计指标出现频次，具体情况如表4-28所示。

表4-28　东北地区和东南地区共同指标

指标名称	总频次	
	东北	东南
进出口总额	371	669
旅游总收入	247	229
实际利用外资额	167	362
实际到位资金额	160	122
电子商务交易额	100	54
人才引进数	88	192
旅客吞吐量	35	96

续表

指标名称	总频次	
	东北	东南
快递业务量同比增长率	26	28
金融机构引进数	24	24
农村电商服务站数	13	14
跨境电商进出口额	12	56
项目引进数	10	244
跨境人民币结算量	6	8
服务贸易进出口额	5	34

针对共同指标可以看出：

（1）东北地区和东南地区在资金投入、贸易开放、旅游产业、数字经济等方面关注度均很高。东北地区实际到位资金额、旅游总收入、电子商务交易额的频次高于东南地区，这表明东北地区在过去6年中更加关注招商引资、旅游发展、电商市场等方面。

（2）东南地区有11个指标频次高于东北地区。"进出口总额"在东南地区和东北地区均排第一位，表明东北地区和东南地区以扩大对外贸易规模为首要任务。2019年，黑龙江省、辽宁省实际利用外资额分别为5.4亿美元和33.2亿美元。相比之下，江苏省实际使用外资额高达261.2亿美元，浙江省为135.6亿美元，东南地区利用外资水平高于东北地区。由频次统计也可以看出，东南地区实际利用外资额的频次远高于东北地区，这表明相较于东北地区，东南地区更加关注利用外资情况。

（3）政府工作报告中强调要有序推动重大项目合作，推进基础设施互联互通。有关"项目引进数"这一指标，东南地区提及244次，东北地区仅提及10次，频次差异悬殊，表明东北地区缺乏对项目合作的重视。"十四五"规划纲要中强调要深入实施人才强国战略，激发人才创新活力。东南地区响应国家号召，反复强调人才引进数，而东北地区有所欠缺。

（4）旅客吞吐量是衡量一个地区经济社会发展程度、文明程度、开放程度和活跃程度的重要标志，东北地区虽在旅游总收入方面的频次高于东南地区，但却忽视了旅客吞吐量的重要性。2020 年以来，习近平总书记在不同场合多次明确指出电子商务是大有可为的。政府工作报告中多次提及电子商务，高度肯定了电子商务在"抗疫"中的重要作用。党的十九届五中全会指出，要发展数字经济，坚定不移建设数字中国。电子商务作为数字经济中规模最大、表现最活跃、发展势头最好的新业态、新动能，是新发展格局蓝图中非常重要的一环。东北地区和东南地区快递业务量同比增长率、农村电商服务站数指标频次相近但都不是很高，说明两地区虽然都关注电子商务的发展但是重视程度却不够。东北地区电子商务交易额的频次高于东南地区，但在跨境电商进出口额方面却较为薄弱。"服务业贸易进出口额"反映了一个地区的对外开放程度，东北地区对此的重视程度与东南地区相比存在差距。

3. 差异指标分析

剔除共同指标后，东北地区和东南地区的差异指标汇总如表 4-29 和表 4-30 所示。

表 4-29　东北地区特有指标

指标名称	总频次
引进内外资额	98
电商企业数	33
新增出口企业数	12
互市贸易进口额	6

表 4-30　东南地区特有指标

指标名称	总频次
境内外上市企业数	243
货物吞吐量	69
跨境网络零售出口额	56
对外直接投资额	38
国际友好城市数	30

续表

指标名称	总频次
外商投资企业数	28
参与国际标准和国家标准制修订数	25
市场采购贸易出口额	11
注册外资实际到账	10

通过表 4-29 和表 4-30 可以看出：

（1）东北地区和东南地区均重点关注内外资额、贸易开放。此外，东南地区更加关注地区的国际影响力，注重自身在国际舞台上的形象。

（2）政府工作报告中提及实行高水平对外开放，促进外贸外资稳中提质。东北地区和东南地区均积极响应国家号召，对外开放持续扩大。在积极有效利用外资方面，东北地区重点关注引进内外资额，东南地区重点关注外商投资企业数、注册外资实际到账。政府工作报告中还强调要发展电商等新业态、新模式，东北地区提及电商企业数，东南地区提及跨境网络零售出口额，东南地区更加重视跨境网络零售出口额，实施了更大范围的对外开放。

（3）"十四五"规划中提及引进外资和对外投资要协调发展，促进国际收支基本平衡，东南地区提及对外直接投资额，东南地区的对外投资水平高于东北地区。在推动进出口稳定发展方面，东北地区提及新增出口企业数、互市贸易进口额，强调了进口、出口两个部分，东南地区提及跨境网络零售出口额、市场采购贸易出口额，仅强调了出口。为推动地区加快融入国内大循环为主体，国内国际双循环相互促进的新发展格局，东南地区强调货运吞吐量，注重提升港口双向链接能力，东北地区在这方面的建设也需进一步加强。

（4）在差异指标的规模上，东南地区的指标多于东北地区。排除相似指标，东南地区还提及"境内外上市企业数""国际友好城市数""参与国际标准和国家标准制修订数"等，体现出东南地区注重依托我国大市场优势，提升国际合作能力，以实现互利共赢。

（三）区域开放测度指标

2021 年政府工作报告中，李克强总理指出要坚定不移推进改革开放，高质量共建"一带一路"。在《中华人民共和国国民经济和社会发展第十四个五年规划和 2035 年远景目标纲要》（以下简称"十四五"规划纲要）中同样提到要"实行高水平对外开放"。与此同时，中国成功举办第三届中国国际进口博览会、中国国际服务贸易交易会，成功推动区域全面经济伙伴关系协定签署，完成中欧投资协定谈判，对外贸易和利用外资持续不断增长。新时代，中国致力于寻求更高质量、更加高效的对外开放，建设更高水平开放型经济新体制。

1. 补入指标及说明

根据国家对于"区域开放"的政策导向、"十四五"规划等文件以及振兴东北等相关举措，上文所获指标不能全面反映东北地区的"区域开放"水平，因此，需要对现有指标做进一步完善补充。

中国经济高速增长，加快推动了城市化进程，城镇化率逐年提高（Haini，2021；Bruton 等，2021），同时，在对东北地区进行全面评价时，《2016/2017/2018/2019 东北老工业基地全面振兴进程评价报告》在区域开放中将"城市化水平"纳入指标体系。因此，本书参考《2016/2017/2018/2019 东北老工业基地全面振兴进程评价报告》并结合实际情况将"城市化水平"纳入指标体系中。

在现代化建设进程中，中国对城市赋予了重大历史使命和责任担当，对于各大城市的国际化发展愈加重视，更加强调城市的国际关注度。结合《中国区域对外开放指数研究》报告中的中国城市对外开放指标体系，本书增加"城市国际搜索关注度"这一指标。

中国在信息技术方面发展迅猛，5G 技术领先于世界绝大部分国家和地区。但东北地区是老工业基地，注重工业发展，在信息技术方面略显薄弱。为了能够引起重视从而获得长足发展，本书结合《中国区域对外开放指数研究》报告中的中国城市对外开放指标体系，增加"每万人国际互联网用户数"和"每万人移动电话数"这两个指标。

"对外贸易依存度"是一个国家或地区进出口总额占其国内生产总值或国民生产总值比重，反映一个国家或地区对国际市场的依赖程度，是衡量其对外开放程度的重要指标，其比重的变化意味着对外贸易在国民经济中所处地位的变化。2019 年东北地区进出口总额只占全国的 3.3%，2018 年实际利用外资金额仅为全国的 8.6%。因此，结合实际情况和现有指标，本书增加"对外贸易依存度"这一指标。

　　"运网密度"用来衡量一个地区的交通运输状况，是地区各类交通线路总长度与地区总面积的比值。运网密度越大，地区交通运输通达性越强。在"十四五"规划纲要中，政府重点强调要推动"一带一路"高质量发展，进而推动陆海天网四位一体联通。东北地区具备"一带一路"倡议走廊的区位优势，是中国面对东北亚其他国家和地区开放的重要窗口。因此，为了能更加全面地反映区域开放水平，本书将"运网密度"纳入指标体系中。

　　2. 指标初选

　　由指标筛选结果可知，东北与东南地区共入围了 33 个指标，但部分指标之间存在测度重复现象，如"跨境网络零售出口额"与"跨境电商进出口额"均是反映一个地区在电商行业中的进出口状况，两者的测度功能基本一致。因此，本书在确定最终区域开放测度指标之前，需要对入围指标进行初步优选。指标初选的四个标准包括：①在政府报告中出现频次大的指标；②东北与东南地区共同关注的指标；③东北地区特色（体现东北地区在区域开放层面的优势）或东南特色指标（为东北地区未来的区域开放提供参考）；④尽量避免重复测度的指标。基于这四个标准，区域开放层面的指标初选结果如表 4-31 所示。

表 4-31　区域开放层面初选指标

初选指标		
引进内外资额	运网密度	跨境电商进出口额
对外贸易依存度	城市化水平	境内外上市企业数
实际利用外资额	项目引进数	农村电商服务站数

初选指标		
金融机构引进数	人才引进数	每万人移动电话数
对外直接投资额	旅客吞吐量	服务贸易进出口额
外商投资企业数	旅游总收入	跨境人民币结算量
电子商务交易额	货物吞吐量	城市国际搜索关注度
实际到位资金额	快递业务量同比增长率	每万人国际互联网用户数
国际友好城市数	参与国际标准和国家标准制修订数	—

3. 指标归类

区域开放是国家发展的核心动能，推动我国经济实现高质量发展。2021年政府工作报告以及"十四五"规划纲要均强调了中国要深化多双边和区域经济合作，实施更大范围、更宽领域、更深层次的对外开放。中国在该领域已投入大量人力、财力、物力，采取诸多措施提高开放水平，从而通过高水平对外开放实现经济高质量发展。因此，基于国家出台的政策文件结合筛选出的具体指标，本书从"开放基础""开放投入""开放效益"这三个维度对区域开放进行评价。其中，开放基础是区域开放的先决条件，开放投入是实施过程，开放效益是开放成果。

（1）开放基础。开放基础为区域开放提供了基础和保障，从而确保各地区能够实现更高水平的对外开放。一个地区的对外开放需要诸多条件为其提供保障。首先，需要高城镇化率、高国际知名度以及完善的基础设施建设，这样才能为对外开放提供有利平台。其次，企业是实现对外开放的重要主体，境内外上市企业的数量越多，区域的对外开放水平越有利。最后，在信息技术蓬勃发展的新时代，高新技术为区域开放提供了重要保障和技术手段，是吸引外商投资的有利因素和必要条件。

因此，对于表4-31中入选的测度指标，在开放基础下选择"境内外上市企业数""运网密度""城市化水平""每万人国际互联网用户数"以及"城市国际搜索关注度"这五个指标。此外，还有其他指标亦符合开放基础的归类标准，为保留关键测度指标同时兼顾其他五个层面指标个数，将"每万人移动电话数""国际友好城市数""农村电商服务站数"作为备选指标。

（2）开放投入。开放投入是各地区在对外开放过程中的具体实施基础，反映了各地区在区域开放层面进行的主要工作。"十四五"规划纲要提出推进对外开放经济体制改革，缩减外资准入负面清单，营造开放、自由的营商环境，由此增加内外资额的引进。同时高质量建设"一带一路"，推动中国与沿线国家共同发展，扩大双向贸易和投资，从而提高对外投资和外资利用额；建立健全金融合作网络，推动金融基础设施互联互通，引进各国金融机构共同参与投融资；推进基础设施互联互通，通过"一带一路"建设，聚焦关键通道和关键城市，有序推动、引进重大合作项目建设；加强与沿线国家人文合作，引进高水平人才，形成多元互动人文交流格局，推进实施共建"一带一路"科技创新行动计划。

因此，针对表4-31中的指标，选择"项目引进数""实际利用外资额""金融机构引进数""人才引进数""引进内外资额"这五个指标纳入开放投入。另外，将"对外直接投资额""外商投资企业数"及"实际到位资金额"作为反映开放投入的备选指标。

（3）开放效益。开放效益是各地区在区域开放政策引导下所取得的成果，直接反映了各地区的对外开放水平。首先，进出口总额能够直接反映一个地区的对外开放水平，而其在国内生产总值或国民生产总值中的比重即"对外贸易依存度"，则反映一个国家或地区对国际市场的依赖程度。其次，"一带一路"的建设与发展加强了中国与沿线城市经贸投资合作，成功将中国电商行业推广至"丝路电商"。中国跨境电商行业高速发展，全国跨境电子商务综合试验区扩容至105个。截至2021年上半年，中国跨境电商进出口额高达8867亿元，同比增长28.6%。跨境电商已成为外贸发展新动能、转型升级新渠道和高质量发展新抓手。借助跨境电商，中国快递业迅猛发展，2021年上半年全国快递业务量已突破500亿件，接近2018年全年水平。最后，"一带一路"的建设带动了跨境旅游业的发展，同时旅游收入反映了一个地区的开放程度，是衡量地区开放的重要指标。

因此，从表4-31中选择"快递业务量同比增长率""旅游总收入""跨境电商进出口额""电子商务交易额""对外贸易依存度"作为测度指标来对区域开放的成果进行评价。类似地，将"货物吞吐量""旅客吞吐量""参与国际标准和国家标准制修订数""服务贸易进出口额""跨境人民币结算量"作为反映开放效益的备选指标。

根据上文分析，构建东北地区在区域开放层面的指标体系，如表4-32所示。

表4-32　区域开放层面指标体系

三级指标	测度指标	备选指标集
开放基础	境内外上市企业数	每万人移动电话数、国际友好城市数、农村电商服务站数
	运网密度	
	城市化水平	
	每万人国际互联网用户数	
	城市国际搜索关注度	
开放投入	项目引进数	对外直接投资额、外商投资企业数、实际到位资金额
	实际利用外资额	
	金融机构引进数	
	人才引进数	
	引进内外资额	
开放效益	快递业务量同比增长率	货物吞吐量、旅客吞吐量、参与国际标准和国家标准制修订数、服务贸易进出口额、跨境人民币结算量
	旅游总收入	
	跨境电商进出口额	
	对外贸易依存度	
	电子商务交易额	

第五节　安全保障层面的指标体系

（一）指标筛选结果

通过主题划分，共有 37 个优选主题被归类到安全保障层面，具体结果如表 4-33 所示。

表 4-33　安全保障层面优选主题

优选主题				
发展	保障	供给	防治	品质
建设	生态	动能	绿色	任务
农业	转型	优化	战略	新旧
乡村	三大	现代	结构	主要
城市	攻坚	工程	文明	生产
环境	治理	污染	转换	体系
质量	综合	高质量	攻坚战	现代农业
生态环境	环境治理	—	—	—

1. 东北地区入围指标

通过指标筛选，在安全保障维度下东北地区共获取 1520 条指标记录，对重复指标及其参数进行规范化处理，共获取 152 项非重复性指标。首先，从 152 项指标中筛选出与安全保障直接相关的指标，共得到 25 项指标。将存在指标名称不同但含义相同的指标再次进行处理，如"粮食产量"和"粮食总产量"可以统一指标名称为"粮食总产量"，共得到 13 项入围指标。其次，依据"查缺补漏"的筛选步骤，增添了 3 项指标。东北地区入围指标如表 4-34 所示。

表 4-34　东北地区安全保障入围指标

入围指标		
新增绿化面积	森林覆盖率	绿色有机食品认证新增数
粮食总产量	水土流失治理面积	黑土地保护性耕作面积
空气质量优良天数比率	新增修复湿地面积	集中式饮用水水源地水质达标率
单位 GDP 能耗下降率	PM2.5 平均浓度	畜禽养殖废弃物资源化综合利用率
燃煤锅炉淘汰数	污水处理厂建设数	—
秸秆综合利用率	耕地保有量	—

2. 东南地区入围指标

通过指标筛选，在安全保障维度下东南地区共获取 1680 条指标记录，对重复指标及其参数进行规范化处理，共获取 303 项非重复性指标。首先，从 303 项指标中筛选与安全保障直接相关的指标，共得到 35 项指标。将存在指标名称不同但含义相同的指标再次进行处理，共得到 15 项入围指标。其次，依据"查缺补漏"的筛选步骤，增添了 3 项指标。东南地区入围的指标如表 4-35 所示。

表 4-35　东南地区安全保障入围指标

入围指标		
PM2.5 平均浓度	单位 GDP 能耗下降率	国考省考断面水质优Ⅲ比例
空气质量优良天数比率	新增修复湿地面积	农村生活垃圾分类处理覆盖率
新增绿化面积	新增森林公园数	集中式饮用水水源地水质达标率
污水处理厂建设数	整治黑臭河道数	污染地块和受污染耕地安全利用率
森林覆盖率	批而未供土地利用面积	新增农村饮用水达标提标人口数
城镇污水处理率	粮食总产量	绿色有机食品认证新增数

（二）东北地区及东南地区指标对比

1. 规模对比

图 4-5 呈现了东北地区与东南地区在指标筛选过程中的指标规模对比情况。可以看出，东南地区的指标规模更大、涉及范围更广、关注的层面更为丰富。东

北地区指标重复率（90%）高于东南地区指标重复率（约为82%）。在与安全保障层面相关的指标数量上，东南地区略高于东北地区，这进一步反映了东南地区关注范围更广。

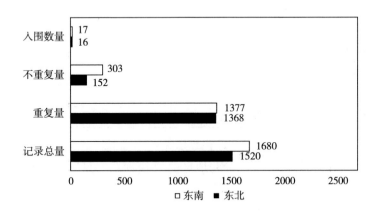

图4-5　东北地区与东南地区指标规模对比

2. 共同指标分析

从东北地区和东南地区的入围指标中提取共同出现的指标（共计10项），并统计指标频次，如表4-36所示。

从共同指标可以看出：

（1）东北地区和东南地区均重视绿色生态保护、水资源安全以及能源利用方面的问题，其中"新增绿化面积"与"空气质量优良天数比率"两个指标在报告中出现的频次较高。"绿水青山就是金山银山"，绿色生态保护与资源安全利用是实现国家与地区可持续发展的基本条件。

表4-36　东北地区和东南地区共同指标

指标名称	总频次	
	东北	东南
新增绿化面积	282	188
粮食总产量	225	31
空气质量优良天数比率	185	220

指标名称	总频次	
	东北	东南
PM2.5平均浓度	37	229
单位GDP能耗下降率	115	23
森林覆盖率	49	79
集中式饮用水水源地水质达标率	42	92
绿色有机食品认证新增数	35	4
污水处理厂建设数	24	43
新增修复湿地面积	25	20

（2）对比相同指标的频次，东北地区的"粮食总产量"这一指标出现的频次为225，在东南地区中该指标出现的总频次为31，东南地区对"粮食总产量"的关注度相对较弱。习近平总书记在东北振兴座谈会上强调，东北地区是中国重要的农业基地，在维护国家粮食安全方面具有关键的战略地位。"粮食总产量"是东北地区重点关注的关键指标，不仅关乎东北的全面振兴，而且是关乎国运民生与社会稳定的头等大事。此外，东北地区对"绿色有机食品认证新增数"指标的关注也相对较多。

（3）东北地区针对"单位GDP能耗下降率"指标提及频次为115次，而东南地区仅提及23次，"单位GDP能耗下降率"是"十四五"时期经济社会发展的主要指标之一，同时也是未来中国在绿色生态与资源利用方面始终坚持的发展方向。

（4）"十四五"规划纲要中强调要深入开展污染防治工作，加强城市大气达标质量管理，推进城市PM2.5浓度下降10%。"PM2.5平均浓度"这一指标在东南地区被提及229次（总频次排序位列第一名），而在东北地区仅被提及37次（总频次排序位列第七名），东北地区对PM2.5平均浓度的关注度明显不够。同时，"十四五"规划中明确提出不断改善水环境质量，其中"集中式饮用水水源地水质达标率"作为一项重要指标用于衡量水环境质量改善状况，而东北地区对于该指标的重视程度相对较低。

（5）东北地区和东南地区针对"森林覆盖率""新增湿地修复面积"及"污水处理厂建设数"的提及频次相近，反映了东北地区和东南地区对国土绿化、湿地修复与生态保护基础设施建设的重视。

3. 差异指标分析

剔除共同指标后，东北地区和东南地区的差异指标汇总如表4-37和表4-38所示。

表4-37　东北地区特有指标

指标名称	总频次
燃煤锅炉淘汰数	80
秸秆综合利用率	52
水土流失治理面积	46
畜禽养殖废弃物资源化综合利用率	20
黑土地保护性耕作面积	13
耕地保有量	4

表4-38　东南地区特有指标

指标名称	总频次
城镇污水处理率	52
农村生活垃圾分类处理覆盖率	46
污染地块和受污染耕地安全利用率	43
整治黑臭河道数	42
国考省考断面水质优Ⅲ比例	35
批而未供土地利用面积	25
新增农村饮用水达标提标人口数	25
新增森林公园数	20

从表4-37和表4-38可以看出：

（1）东北地区对于资源利用与土地保护的关注度更高，东南地区则更关注污染物（如污水、污染地块、黑臭河道、生活垃圾等）与水质安全等方面的治理。

（2）东北地区受气候及工业设施改造影响，在燃煤锅炉淘汰数方面有一定的关注度。东北黑土地是东北地区特有的土壤类别，但由于过度开垦及不合理耕作等原因，东北黑土地水土流失现象一直存在，因此水土流失治理、黑土地保护性耕作与耕地保有量是东北地区持续重点关注的方向。同时，东北地区作为农业与畜牧业发展的重点地区，相关废弃物的综合利用是实现东北地区资源节约与可持续发展的重要途径。

（3）相比于东北地区，东南地区更关注污染物的处理及水质安全等方面。"十四五"规划中指出要持续推进生态环境问题整改，实施城乡污水与垃圾处理，东南地区对此有一定关注。此外，东南地区重视污染地块和受污染耕地的安全利用以及批而未供土地的有效利用。《土地管理法实施条例》修订案特别细化了土地管理有关的规划指标，提出要综合利用地上地下空间，提高土地集约利用水平。2021年国务院政府工作报告中特别强调要深入推进绿色发展与生态环境治理，其中黑臭河道整治与新增森林公园作为重点衡量指标之一。改革开放以来，东南地区迅速崛起，发展态势一片向好。经济的快速发展与产业布局调整，水质安全逐渐无法保障，因此东南地区对水质达标方面的指标十分重视。

（三）安全保障测度指标

1. 补入指标及说明

由于入围指标包含维度不全面、指标数量不足以及部分指标在"十四五"规划中重点强调但不在入围指标范围内等，现进行外源性指标补入工作。

2020年12月12日，习近平总书记在气候雄心峰会上宣布：2030年实现中国国内生产总值二氧化碳排放比2005年下降65%以上。生态环境部副部长赵英民表示，在"十四五"时期中国将继续采取措施积极应对气候变化挑战，继续将单位GDP二氧化碳排放下降率作为衡量指标。而东北地区作为中国重要的工业基地，单位GDP二氧化碳排放直接影响到东北地区绿色生态保护，进而影响地区与国家的可持续发展。因此，本书将"单位GDP二氧化碳排放下降率"作为衡量东北地区绿色生态方面的测度指标。

"十四五"规划中首次将"能源综合生产能力"纳入安全保障类指标，能源安全对国家繁荣、人民幸福与社会安定至关重要。近年来国家能源发展取得历史性成就，能源综合生产能力显著增强，但矛盾集中于国内油气资源不能很好地支撑经济持续发展。东北地区作为石油开采的"天赐之地"，石油能源供给保障有助于实现东北全面振兴及可持续发展。因此，本书将"能源综合生产能力"作为衡量东北地区能源生产安全方面的测度指标。

《东北振兴战略总论》中针对东北全面振兴给出一系列重要参考指标。其中，土地产出率作为一种土地利用型指标，反映土地利用效率。东北地区作为国家重要的农业基地，不仅粮食生产安全关乎国家繁荣发展与人民生活幸福，土地利用更是关乎经济发展质量与资源安全利用。因此，本书将"土地产出率"作为衡量东北地区土地资源利用效率的测度指标。

水资源是维持区域经济社会与生态可持续不可替代的自然资源（唱彤等，2020）。水资源的可持续利用是实现国家可持续发展的前提与保障（吕平毓、吕睿，2016），中国人多水少，水资源时空分布严重不均，水量安全与可持续利用一直是影响区域发展与人民生活的关键要素。人均水源量反映水资源的丰富程度，数值越大则表明水资源相对安全。单位 GDP 用水量反映水资源创造的社会经济价值，数值越小则表明水资源的节约利用水平越高。因此，本书将"人均水资源量"与"单位 GDP 用水量"作为衡量东北地区水资源安全与利用的测度指标。

2. 指标初选

由指标筛选结果可知，东北地区与东南地区共入围了 29 个指标。本书在确定最终安全保障测度指标之前，需要对入围指标进行初步优选。指标初选的四个标准包括：①在政府工作报告中出现频次大的指标；②东北与东南地区共同关注的指标；③东北地区特色（体现东北地区在安全保障层面的优势）或东南特色指标（为东北地区未来的安全保障提供参考）；④尽量避免重复测度的指标。基于这四个标准，安全保障层面的指标初选结果如表 4-39 所示。

表 4-39　安全保障层面初选指标

初选指标		
新增绿化面积	单位 GDP 用水量	空气质量优良天数比率
粮食总产量	PM2.5 平均浓度	黑土地保护性耕作面积
土地产出率	秸秆综合利用率	单位 GDP 二氧化碳排放下降率
人均水资源量	能源综合生产能力	集中式饮用水水源地水质达标率
森林覆盖率	单位 GDP 能耗下降率	畜禽养殖废弃物资源化综合利用率
新增修复湿地面积	水土流失治理面积	污染地块和受污染耕地安全利用率
整治黑臭河道数	耕地保有量	国考省考断面水质优Ⅲ比例
污水厂建设数	批而未供土地利用面积	绿色有机食品认证新增数

3. 指标归类

2014 年 4 月 15 日，习近平总书记在中央国家安全委员会第一次全体会议上首次正式提出"总体国家安全观"，以人民安全为宗旨是总体国家安全观的核心价值（李建伟，2021）。"十四五"规划《建议》把安全问题摆在非常突出的位置，强调粮食、能源等重要资源的供给安全与利用效率的提高，并确保生态环境安全，为全面建设社会主义现代化国家提供坚强安全保障。

安全保障是维护人民安全、保障人民利益的根本途径。首先，安全保障需要实现的首要目标是保护人民的生存环境，打造绿色生态环境空间。绿色生态是实现国家繁荣与人民幸福的重要前提，是实现安全保障的首要任务。其次，安全保障需要保证资源安全，资源安全是保障人民生活的基础要素，是实现安全保障的关键环节。最后，安全保障是保证国家可持续发展的重要基石，国家的可持续发展离不开资源的合理利用，资源利用是实现安全保障的必然要求。基于此，本书将安全保障层面划分为三个维度，即绿色生态、资源安全与资源利用。

（1）绿色生态。在安全保障层面最终入选的 24 个初选指标中，首先，"十四五"规划中将"森林覆盖率""空气质量优良天数比率"与"单位 GDP 二氧化碳排放下降率"划分为绿色生态维度下的指标。此外，"新增绿化面积"体现国土绿化能力，国土绿化直接关系国家绿色生态安全；"PM2.5 平均浓度"体现空气质量状况，空气质量直接影响人民生存安全及国家和地区的可持续发展。上述 5 个指标均能反映绿色生态安全，因此将其划分于绿色生态维度下。还有其他指标亦符合绿色生态的归类标准，如"新增修复湿地面积""水土流失治理面积""污水厂建设数""整治黑臭河道数""国考省考断面水质优Ⅲ比例"，为保留关键测度指标，本书将这类指标作为备选指标纳入整个指标体系。

（2）资源安全。"粮食总产量""集中式饮用水水源地水质达标率""黑土地保护性耕作面积""能源综合生产能力"及"人均水资源量"分别反映出粮食安全、水质安全、土地资源安全、能源安全及水量安全，可以将其归纳为资源安全，因此本书将这五个指标划分在资源安全维度下。另外，能够反映资源安全的备选指标包括"耕地保有量""绿色有机食品认证新增数"。

（3）资源利用。"单位 GDP 能耗下降率""单位 GDP 用水量"与"土地产出率"反映的是国家经济活动对能源、水资源及土地的利用程度；"秸秆综合利用率"与"畜禽养殖废弃物资源化综合利用率"体现的是对农业与畜牧业产出废弃物的综合利用度，因此本书将这五个指标划分到资源利用维度下。类似地，资源利用的备选指标集还包括"批而未供土地利用面积"与"污染地块和受污染耕地安全利用率"。

基于上述归类情况，可得到安全保障层面的指标体系，如表4-40所示。其中，每个指标的具体解释与公式见附录。

表4-40 安全保障评价指标体系

三级指标	评价指标	备选指标集
绿色生态	新增绿化面积	新增修复湿地面积、水土流失治理面积、污水厂建设数、整治黑臭河道数、国考省考断面水质优Ⅲ比例
	空气质量优良天数比率	
	森林覆盖率	
	PM2.5 平均浓度	
	单位 GDP 二氧化碳排放下降率	
资源安全	粮食总产量	耕地保有量、绿色有机食品认证新增数
	集中式饮用水水源地水质达标率	
	黑土地保护性耕作面积	
	能源综合生产能力	
	人均水资源量	

三级指标	评价指标	备选指标集
资源利用	单位 GDP 能耗下降率	批而未供土地利用面积、污染地块和受污染耕地安全利用率
	秸秆综合利用率	
	畜禽养殖废弃物资源化综合利用率	
	土地产出率	
	单位 GDP 用水量	

第六节　民生福祉层面的指标体系

（一）指标筛选结果

优质样本（优选主题及其优选指标）的归类是指标筛选过程中的重要环节之一，共有 58 个优选主题被归类到民生福祉层面，具体结果如表 4-41 所示。

表 4-41　民生福祉层面优选主题

优选主题							
发展	民生	建设	社会	改善	乡村	美丽	医疗
改革	环境	保障	城乡	实事	攻坚战	城市	振兴
三大	攻坚	脱贫	事业	福祉	农村	社会保障	
治理	工程	污染	协调	目标	战略	生态环境	
就业	惠民	现代化	文明	品质	任务	基础设施	
人居	生活	精准	主要	重点	实施	公共服务	
服务	推进	人民	教育	领域	水平	经济社会	
扶贫	体系	交通	综合	文化	融合	城市规划	

1. 东北地区入围指标

通过上文（见第三章第三节）的指标筛选过程，东北地区的筛选结果如下所示。"精益求精"模块：根据优选主题，民生福祉层面共获取 1959 条指标记

录，其中不重复指标共 185 个，再经过对指标进行合并与剔除，最后筛选出 34
个指标。"查缺补漏"模块：由于"精益求精"流程筛选出了较多指标，且覆盖
维度较广，东北地区通过关键词（如"文化""医疗""教育""服务"等）搜
索补充了 3 个指标。综合两个筛选模块，东北地区最终筛选出 37 个入围指标，
囿于篇幅，此处仅展示其中的 24 项，如表 4-42 所示。

表 4-42　东北地区民生福祉部分入围指标

入围指标			
改建公办学校数	城镇就业人数	城镇登记失业率	脱贫人口脱贫数
居民人均可支配收入	居民消费价格指数	城乡最低生活保障标准	公共文化服务设施覆盖率
农村危房改造数	棚户区改造数	新增养老床位数	改建农村厕所数
居民饮水安全工程改造数	转移农村劳动力人数	民生支出占财政支出比重	企业退休人员基本养老金月人均额
幼儿园个数	贫困发生率	老旧小区改造数	改建农村公路里程
美丽乡村示范村数量	新增农民专业合作社数	新增停车泊位数	抗癌药纳入医保目录数

2. 东南地区入围指标

通过指标筛选过程，东南地区的筛选结果如下所示。"精益求精"模块：根
据优选主题，民生福祉层面共获取 2411 条指标记录，其中不重复指标共 318 个，
再经过对指标进行合并与剔除，最后筛选出 47 个指标。"查缺补漏"模块：由于
"精益求精"流程筛选出了较多指标，且覆盖维度较广，东南地区通过关键词
（如"托位""医保""科技""服务"等）搜索补充了 2 个指标。综合两个筛选
模块，东南地区最终筛选出 49 个入围指标，囿于篇幅，此处仅展示其中的 28
项，如表 4-43 所示。

表 4-43　东南地区民生福祉部分入围指标

入围指标			
贫困人口脱贫数	城镇就业人数	科技公共服务平台数	居民消费价格指数
基本养老保险参保率	每千名老人拥有养老床位数	义务教育学校标准化建设率	普惠性幼儿园在园幼儿占比

续表

入围指标			
棚户区改造数	城镇登记失业率	新建公园数	居民消费价格指数
民生支出占财政支出比重	基本医疗保险参保率	村均集体可支配收入	基本公共卫生服务项目人均经费标准
新增托位数	人均预期寿命	居民人均可支配收入	光纤覆盖用户数
职业技能补贴培训人次	民生支出占财政支出比重	每千人口医院床位数	基层综合文化服务中心建设数
转移农村劳动力人数	老旧小区改造数	高等教育毛入学率	保障性住房建成数

（二）东北地区及东南地区指标对比

1. 规模对比

通过整理东北地区与东南地区近 6 年（2016～2021）的政府工作报告，本书发现，东北地区在民生福祉层面的指标数量明显少于东南地区，而且指标重复率较高，关注的维度相对狭窄。以优质样本为例，两地区的对比结果如图 4-6 所示。可以看出，东北地区在记录总量、不重复指标数及入围数量三个方面均落后于东南地区，其中不重复指标的数量仅为东南地区的 4/7。而且，东北地区指标的重复率为 91%，比东南地区高了 4 个百分点。

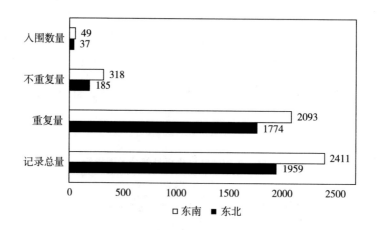

图 4-6　东北地区与东南地区指标规模对比

2. 共同指标分析

从东北地区和东南地区的筛选结果中提取名称相同的指标，如表4-44所示。东北地区与东南地区筛选结果中共有19项相同指标，分别占各自总数的51.4%、38.8%。

表4-44 东北和东南地区共同指标

指标名称	总频次	
	东北	东南
城乡最低生活保障标准	136	79
城镇登记失业率	338	481
城镇就业人数	388	674
改建公办学校数	55	248
改建公园数	32	78
改建农村公路里程	159	181
居民人均可支配收入	633	864
居民消费价格指数	88	265
老旧小区改造数	129	81
美丽乡村示范村数量	76	107
民生支出占财政支出比重	89	137
农村危房改造数	187	116
棚户区改造数	157	107
贫困人口脱贫数	196	78
企业退休人员基本养老金月人均额	53	39
淘汰老旧车、黄标车数	73	63
新增家庭农场数	50	25
新增停车泊位数	38	78
转移农村劳动力人数	71	50

依据共同指标可以看出：

（1）在指标样本量东南地区大于东北地区的前提下，"城乡最低生活保障标准""老旧小区改造数""农村危房改造数""棚户区改造数""贫困人口脱贫数""企业退休人员基本养老金月人均额""淘汰老旧车、黄标车数""新增家庭农场数""转移农村劳动力人数"的总频次表现为东北地区高于东南地区。这表明，虽然两地区均关注了这些指标，但相对于东南地区，东北地区更注重"三旧"改造、精准脱贫、农村人口就业等方面的工作。

（2）相反，"改建公办学校数""改建公园数""居民消费价格指数"及"新增停车位数"表现为东南地区的总频次远远超过东北地区，说明东南地区政府在落实工作时更侧重教育发展、文娱建设、居民消费、城市设施等方面。

（3）另外，"居民人均可支配收入""城镇登记就业率"等指标在东北与东南出现的频次相当，说明居民收入与就业状况是两地区共同关注的焦点。

（4）表4-45展示了东北与东南两地区总频次排名前十的共同指标。呼应表4-44中的结果，"居民人均可支配收入""城镇就业人数"与"城镇登记失业率"是东北与东南两地区排名前三的指标。分地区而言，"贫困人口脱贫数"与"城乡最低生活保障标准"分别排在了东北地区第四位与第八位（这两个指标没有排进东南地区前十），而"居民消费价格指数"与"美丽乡村示范村数量"分别排在东南地区第四位与第九位，同样两者没有排进东北地区的前十。这四个指标虽然是两地区共同指标，但排名位次的不同也证实了两地区工作重点的差异。

表4-45　总频次排名前十的共同指标对比

序号	东北	东南
1	居民人均可支配收入	居民人均可支配收入
2	城镇就业人数	城镇就业人数
3	城镇登记失业率	城镇登记失业率
4	贫困人口脱贫数	居民消费价格指数
5	农村危房改造数	改建公办学校数
6	改建农村公路里程	改建农村公路里程
7	棚户区改造数	民生支出占财政支出比重
8	城乡最低生活保障标准	农村危房改造数
9	老旧小区改造数	美丽乡村示范村数量
10	民生支出占财政支出比重	棚户区改造数

3. 差异指标分析

除却上述共同指标，东北与东南地区筛选结果中的差异指标如表 4-46 与表 4-47 所示。其中，东北地区的特有指标共 18 项，占比 48.6%；东南地区的特有指标共 30 项，占比 61.2%。

表 4-46 东北地区特有指标

指标名称	总频次	指标名称	总频次
贫困村脱贫"销号"数	127	无障碍改造贫困残疾人家庭户数	27
幼儿园个数	80	民生实事完成数	25
改建农村厕所数	71	新增养老床位数	22
农村饮水安全工程改造数	71	发放救助金额	21
改建供水管网长度	57	新增农民专业合作社数	21
新增新能源公交车辆数	37	扶贫资金投入额	20
贫困发生率	35	义务教育学校标准化建设数	18
产业扶贫项目数	30	抗癌药纳入医保目录数	6
改造城市道路数	28	公共文化服务设施覆盖率	2

表 4-47 东南地区特有指标

指标名称	总频次	指标名称	总频次
基本养老保险参保率	162	新辟优化公交线路条数	35
基本医疗保险参保率	162	改建城市公厕数	33
每千名老人拥有养老床位数	148	特色田园乡村数	32
新增学前教育学位数	129	高等教育毛入学率	31
基层综合性文化服务中心建设数	92	基本公共卫生服务项目人均经费标准	31
普惠性幼儿园在园幼儿占比	81	经济薄弱村脱贫数	27
低收入人口人均年收入	68	职业技能补贴培训人次	24
"三旧"改造面积	50	改建县级公立医院数	23
保障性住房建成数	47	保障性安居工程开工建设数	21
基础设施建设投资增长率	45	新能源汽车推广数	21
村卫生站规范化建设数	41	改造国、省道公里数	20
村均集体可支配收入	40	农村土地承包经营权确权登记颁证率	20
光纤接入用户数	37	三星级康居乡村数量	20

续表

指标名称	总频次	指标名称	总频次
新增高速公路里程	37	新增托位数	8
人均预期寿命	36	科技公共服务平台数	1

由表 4-46 和表 4-47 可以看出:

(1) 就东北地区而言,从优选样本中 ("精益求精"模块) 筛选出 15 个指标,"查缺补漏"了 3 个指标,即"义务教育学校标准化建设数""抗癌药纳入医保目录数"与"公共文化服务设施覆盖率"。其中,总频次最大的是"贫困村脱贫'销号'数",最小的是"公共文化服务设施覆盖率"。与精准扶贫相关的指标有 6 个,占比 33.3%,说明东北地区积极响应"脱贫攻坚战",大力推动脱贫建设;与城乡建设相关的指标有 5 个,占比 27.8%,这表明优化基础设施,改善居民基本生活也是东北地区的重点工作之一。另外,"幼儿园个数"与"公共文化服务设施覆盖率"强调了社会公共服务 (学前教育与文化服务) 的重要性,"新增养老床位数"与"抗癌药纳入医保项目数"体现了社会的养老福利与医疗保障。

(2) 东南地区的特有指标中有 28 个来自优选样本,剩余 2 个 ("新增托位数"与"科技公共服务平台数") 是通过"查缺补漏"模块补入的。其中,总频次最大的是"基本养老保险参保率"与"基本医疗保险参保率",最小的是"科技公共服务平台数"。东南地区的特有指标在数量上与维度上都远远超过东北地区。在社会保障方面,东南地区强调了居民社保 ("基本养老或医疗保险参保率")、住房保障 ("保障性住房建成数"等)、健康福祉 ("人均预期寿命") 等方面。在教育方面,东南地区重视学前教育 ("普惠性幼儿园在园幼儿占比"等) 的同时,也关注了高等教育 ("高等教育毛入学率") 的发展。在民生基础设施建设上,东南地区更注重建设投资、网络设施 ("光纤接入用户数") 等方面。另外,东南地区在文化服务、医疗服务、科技服务 ("科技公共服务平台数") 等方面上不断建设完善,同时也重视了托育问题 ("新增托位数")。

（3）通过对比可以发现，东北地区在民生福祉层面关注的广度与深度都还有改进的空间。相对于东南地区，东北地区更侧重于基础设施的改建、脱贫建设及基础保障，对高等教育、医疗建设、托育问题、信息设施、文化提升、健康福祉等方面关注较少，而这些方面往往能够提升居民的生活质量与幸福指数。

（三）民生福祉测度指标

1. 指标初选

由指标筛选结果可知，东北与东南地区共入围了 86 个指标，但部分指标之间存在重复测度现象，如"城镇登记失业率"与"城镇就业人数"均反映了一个地区人民的就业状况，两者的测度功能基本一致。因此，在最终确定民生福祉测度指标之前，本书对入围指标进行了初步优选。指标初选的四个标准为：①在政府工作报告中出现频次较高的指标；②东北地区与东南地区共同关注的指标；③东北地区特色指标（体现东北地区在民生福祉层面的优势）或东南地区特色指标（为东北地区未来的民生发展提供参考）；④尽量避免重复测度的指标。基于这四个标准，民生福祉层面的指标初选结果如表 4-48 所示。

表 4-48　民生福祉层面初选指标

初选指标				
保障性住房建成数	公共文化服务设施覆盖率	居民人均可支配收入	每千人口医院床位数	普惠性幼儿园在园幼儿占比
城乡最低生活保障标准	新增托位数	居民消费价格指数	人均预期寿命	企业退休人员基本养老金月人均额
城镇登记失业率	转移农村劳动力人数	抗癌药纳入医保目录数	农村危房改造数	民生支出占财政支出比重
村均集体可支配收入	基本养老保险参保率	科技公共服务平台数	光纤覆盖用户数	基本公共卫生服务项目人均经费标准
改建农村公路里程	基本医疗保险参保率	老旧小区改造数	棚户区改造数	义务教育学校标准化建设数
高等教育毛入学率	美丽乡村示范村数量	每千名老人拥有养老床位数	贫困人口脱贫数	基层综合文化服务中心建设数

2. 指标归类

民生福祉主要表现为解决一系列社会民生问题与持续谋求全民福祉，既是东北地区共享民生发展的新需求，也是东北地区发展的根本目标。中央 7 号文件指出，"抓民生也是抓发展，人民生活水平不断提高是判断东北老工业基地振兴成功的重要标准。……切实解决好社保、就业等重点民生问题。……全力解决好人民群众关心的教育、就业、收入、社保、医疗卫生、食品安全等问题，保障民生链正常运转。……推进城市更新改造和城乡公共服务均等化。针对城市基础设施老旧问题，加大城市道路、城市轨道交通、城市地下综合管廊等设施建设与更新改造力度，改善薄弱环节，优化城市功能，提高城市综合承载和辐射能力"。"十四五"规划中强调"增进民生福祉，提升共建共治共享水平"，并从"健全国家公共服务制度体系""实施就业优先战略""优化收入分配结构""健全多层次社会保障体系"等多个方面提出行动纲领。

国务院发展研究中心"中国民生指数研究"课题组（2015）认为"民生客观指数"应该涵盖居民生活、公共服务等方面。在居民生活方面，在新农村建设环境下东北农村居民收入将有显著性提升，其收入结构也将日渐合理。但是，东北农村居民的消费模式有待改进，仍处于由传统农耕社会的消费模式向现代消费模式转变的起始阶段（于洪彦等，2008；金华林、李天国，2011）。于文武（2015）从建设社会主义新农村等方面分析了东北三省农村公共文化服务的内在需求，并深刻分析了当前农村公共文化服务建设中存在的支出总量不足、资金投入条块分割、资金管理缺乏等透明度问题。另外，东北社会保障问题引发关注，其中基金不平衡、就业问题、贫困人口等成为关注的焦点（孙少岩，2004）。基于国家出台的政策文件与相关的学术研究成果，结合筛选出来的具体指标，本书从居民生活、公共服务、社会保障三个方面对民生福祉层面的初选指标进行归类。

（1）居民生活。居民生活是民生福祉的直接"落脚点"，主要涉及用以满足物质与文化生活所需的社会产品、劳务的消费程度及居住环境。因此，本书将反映民生收入、支出、消费及居住环境的指标归类到居民生活维度。"居民人均可支配收入"反映了居民用于安排家庭日常生活的那部分收入;"居民消费价格指数"能够在一定程度上反映居民的消费购买能力;"民生支出占财政支出比重"能够直接体现政府对民生的重视程度;"农村危房改造数"体现了农村居民住房环境的改善,类似地,"老旧小区改造数"能够体现城市居民住房环境的改善。这五个指标直接反映了居民生活中的收入、消费、支出、农村住房改善与城市住房改善,本书从东北与东南两地区的筛选结果中选择这五个指标作为评价居民生活的重点指标。此外,还有其他指标亦符合居民生活的归类标准,如"村均集体可支配收入""棚户区改造数""改建农村公路里程"等,为保留关键测度指标,本书将这类指标作为备选指标纳入整个指标体系。

(2)公共服务。公共服务是民生福祉的基础,也是提高居民生活水平与幸福度的"支撑点"。本书根据东北地区政府工作的主要内容,强调科技、教育、文化、卫生等基本公共服务领域,同时兼顾当下国家关注的焦点(如婴幼儿托育问题与普惠性学前教育),旨在客观反映东北地区发展现状的同时,期望对东北地区的公共服务建设起到引导作用。"义务教育学校标准化建设数"反映了义务教育(是指中小学阶段)学校均衡发展状况;"基层综合文化服务中心建设数"体现了基层居民的文娱活力,指标值越大说明居民享有的文化服务越好;"每千人口医院床位数"与"科技公共服务平台数"体现的是社会医疗与科技服务水平;"新增托位数"则能对应一个地区对婴幼儿抚育方面的工作,有利于提高保育保教质量和水平。这五个指标直接体现公共服务的核心内容,被选为评价公共服务维度的重要指标。另外,能够反映公共服务的备选指标包括"普惠性幼儿园在园幼儿占比""抗癌药纳入医保目录数""基本公共卫生服务项目人均经费标准"等。

(3)社会保障。社会保障为地区的社会民生提供了"保护墙",通过对居民给予物质帮助,以保障其基本生活。社会保障往往由社会保险、社会救济、社会福利、优抚安置等组成,涉及就业安全、贫困治理等方面。"城镇登记失业率"是评价一个地区就业状况的重要指标之一,映射的是就业保障层面;"贫困人口脱贫数"反映的是政府对贫困群体的优抚安置;"基本医疗保险参保率"体现了居民的医疗保障，属于社会保险的一种，类似的还有"基本养老保险参保率"；"企业退休人员基本养老金月人均额"为企业老年退休员工提供了养老保障；"城乡最低生活保障标准"反映了政府对一个地区中生活困难的人群给予的生存保障。这五项指标与社会保障的核心内容紧密相关，被选为评价社会保障的重要指标。另外，社会保障的备选指标集包括"保障性住房建成数""转移农村劳动力人数""人均预期寿命"等。

基于上述内容，本书构建了民生福祉评价指标体系，如表4-49所示。其中，每个指标的具体解释与公式详见附录。

表4-49　民生福祉层面指标体系

三级指标	评价指标	备选指标集
居民生活	居民人均可支配收入	村均集体可支配收入、棚户区改造数、美丽乡村示范村数量、改建农村公路里程、光纤覆盖用户数
	居民消费价格指数	
	民生支出占财政支出比重	
	农村危房改造数	
	老旧小区改造数	
公共服务	义务教育学校标准化建设数	普惠性幼儿园在园幼儿占比、抗癌药纳入医保目录数、高等教育毛入学率、基本公共卫生服务项目人均经费标准、公共文化服务设施覆盖率
	基层综合文化服务中心建设数	
	每千人口医院床位数	
	科技公共服务平台数	
	新增托位数	
社会保障	城镇登记失业率	保障性住房建成数、转移农村劳动力人数、每千名老人拥有养老床位数、人均预期寿命、基本养老保险参保率
	贫困人口脱贫数	
	基本医疗保险参保率	
	企业退休人员基本养老金月人均额	
	城乡最低生活保障标准	

第五章　东北地区发展情况 整体测度及展望

在第四章中，依靠大量的数据统计、比较及综合分析，建立起了一整套东北全面振兴的指标体系（详见附表Ⅰ），构建指标体系的最终目的在于测度，并通过科学评价实现以评促建的目标。在此基础上，本章尝试运用指标体系对东北地区的发展状况进行总体评价，并对"十四五"时期东北地区的成长轨迹进行展望。

本书作者从 2016 年开始致力于东北全面振兴课题研究，参与出版《2016/2017/2018/2019 东北老工业基地全面振兴进程评价报告》4 部著作（以下简称《评价报告》）。在《评价报告》中采用的指标体系与本书中提出的指标体系具有较大的差异，客观而言，本书构建的指标体系更加符合当下及未来东北振兴发展的需要，从框架到具体指标上都优于《评价报告》中原有的指标体系。然而，本章将引入《评价报告》中的指标体系展开后续分析。主要原因有：①本书构建的指标均源自政府工作报告或权威资料，理论上指标数据都是可获取的，但是在有限的时间及资源限制下，完整采集的难度极大，更无法确保数据的连续性。②本书所建立的指标体系在内涵分解上与《评价报告》的指标体系有较高的相似性（可对比两套指标体系下设的 6 个二级指标），从大量指标信息的综合效果上看，对于全局性的结论应该具有较高的一致性，不影响整体判断的可靠性。③《评价报告》中的数据均源自公开发行的各类统计年鉴，数据的完备性及连续性很强，因而可将东北地区置于全国 31 个省域的框架下进行纵横向比较，在长时段、大空域上对东北地区的发展进程进行立体定位。

综上所述，本章的基本内容安排如下：首先对《评价报告》中的指标体系作一简要介绍，进而运用采集到的 2011~2019 年指标数据（可获取完整数据的最新年份），对 31 个省域进行比较分析，观测东北地区的整体情况；最后进一步运用"随机聚合方法"展望"十四五"，对 2020~2025 年东北地区及全国其他省域的发展进行探索性分析。

第一节　评价体系

（一）指标体系

在《评价报告》中，东北地区全面振兴指标体系的构建主要是以《中共中央　国务院关于全面振兴东北地区等老工业基地的若干意见》等政策为依据，以"完善体制机制、推进结构调整、鼓励创新创业、保障和改善民生"四个着力为着眼点，以综合反映东北地区的经济、资源、社会、环境状况为基准，既突出正确的价值导向，又体现合理的科学要求，强调指导性、针对性与实效性，通过科学论证而确定。在本书中，结合总目标、东北振兴当前的主要工作及前文关于东北地区全面振兴指标体系的构建框架，设置出"政府效能、企态优化、区域开放、经济发展、创新驱动及民生福祉"六个二级指标。基于二级指标，进一步构建了 30个三级指标以及 60 项四级测度指标，如表 5-1 所示。需要说明的是，由于国企改革是东北振兴当前工作的重点，且安全保障类指标的数据获取较为困难，这里用"企态优化"二级指标替换了本书中的"安全保障"，并将生态环境类指标放在了"民生福祉"二级指标下。三级指标下具体的测度指标、指标解释及计算公式见《2019 东北老工业基地全面振兴进程评价报告》（李凯等，2020）。

表 5-1 东北老工业基地全面振兴进程评价指标体系

一级指标	二级指标	三级指标	概念解释
东北地区全面振兴进程	政府效能	市场干预	政府对社会资源进行配置和对国家经济及社会事务进行管理的一系列活动
		政府规模	
		简政放权	
		监管水平	
		营商环境	
	企态优化	国企效率	企业生态的改进与完善
		国企保值增值	
		企业实力	
		民企规模	
		民企融资	
	区域开放	贸易开放	区域经济的对外开放水平
		投资开放	
		生产开放	
		市场开放	
		区位支撑	
	经济发展	产业均衡	结合东北地区产业升级的迫切需求,从产业发展层面测度经济的发展情况
		服务业发展	
		重化工调整	
		金融深化	
		现代农业	
	创新驱动	研发基础	基于技术创新、管理创新或创办新企业等方面的某一点或某几点所进行的活动
		人才基础	
		技术转化	
		技术产出	
		创业成效	
	民生福祉	居民收入	一系列社会问题的解决与生态保护
		居民消费	
		社会保障	
		社会公平	
		生态环境	

（二）评价方法

评价的基本思路是运用多指标构建指数，用指数得分衡量被评价对象的状况。在形成指数值的过程中，计算中的关键环节是对指标数据进行标准化处理，以达到统一指标极性（如将指标统一转化为正指标，即越大越好）、消除量纲并确定取值范围的目的。这里选用分段无量纲化方法（详见附录Ⅳ）进行数据的预处理，主要原因包括：①分段无量纲化方法能够对指标值中的"野值"进行妥善处理，避免了因某几个"野值"造成的其他数据被挤压聚堆的情况，确保了指标的区分功能，提升评价质量；②振兴指数具有连续性、稳定性的内在要求，从技术角度看，要求单个指标在标准化处理后应具备取值区间稳定、值总和大致稳定等特征，而分段无量纲化方法能很好地满足这些需求。

对指标信息进行规范化处理后，再运用等权及线性集结的方法对指标信息进行分层合成，进而得到振兴指数（详见附录Ⅴ）。选用等权处理方式的原因如下：①指标体系的各模块十分均衡，总目标下设6个二级指标，每个二级指标下设5个三级指标，这是可以进行等权处理的结构基础；②考虑到未来指标体系持续更新的需要，等权处理方式为指标的增删创造了便利性。

第二节　测度结果及分析

（一）东北振兴指数总体分析

东北地区全面振兴进程评价涵盖了政府效能、企态优化、区域开放、经济发展、创新驱动及民生福祉六个方面（二级指标），下设30个三级指标及60项测度指标。汇集中国 31 个省市区 2011~2019 年指标信息①,并通过科学的评价流程,得到连续 9 年的振兴指数②,在此基础上,形成多年连续排名和单年排名。其中,多年连续排名用于反映各省市区绝对发展水平随时间推移动态变化的情况(31 个省市区 9 年共 279 个排位,最高排名为 1,最低排名为 279),单年排名用于反映各省市区在全国范围内某个单年的相对发展水平(31 个省市区每年 31 个排位,最高排名为 1,最低排名为 31)。囿于篇幅,本章中的图表仅展示双年份数据结果,31 个省市区在振兴指数得分上的总体情况如表 5-2 所示。

表 5-2　2011~2019 年(双年份)31 个省市区振兴指数得分、连续及单年排名

省市区	2011 年			2013 年			2015 年			2017 年			2019 年		
	值	总	年	值	总	年	值	总	年	值	总	年	值	总	年
上海	77.7	19	1	81.4	11	1	84.4	7	1	89.4	3	1	92.6	1	1
北京	76.9	22	2	77.9	18	2	80.3	13	2	82.1	10	4	91.2	2	2
江苏	74.3	27	3	77.4	21	3	79.2	15	4	85.4	6	2	87.3	4	3
浙江	73.6	29	4	76.4	24	5	79.9	14	3	82.5	8	3	87.3	5	4
重庆	62.5	52	9	65.6	45	8	67.2	41	8	73.4	30	6	82.4	9	5
广东	72.9	33	5	76.5	23	4	79.1	16	5	78.8	17	5	80.8	12	6
福建	67.4	40	7	70.1	38	7	72.9	34	7	73.3	31	7	77.5	20	7
天津	71.1	35	6	73.8	28	6	75.1	25	6	73.1	32	8	74.3	26	8
安徽	57.2	66	10	61.5	54	10	63.9	49	10	66.7	43	10	70.8	36	9
山东	63.5	50	8	65.4	47	9	67.0	42	9	68.5	39	9	70.5	37	10
湖北	55.2	76	12	59.9	59	11	63.0	51	11	65.6	46	11	66.7	44	11
江西	48.2	114	17	52.4	89	14	55.7	73	13	59.6	60	13	64.1	48	12
四川	50.1	98	14	52.9	86	13	56.2	72	14	58.0	63	14	61.7	53	13

① 为确保评价的统一连续性,这里以 2011~2015 年的评价数据为基础,融入 2016~2019 年的数据展开滚动评价,不同于直接对 2011~2019 年数据进行评价,滚动式的评价有助于指数信息的连续稳定观测,以吻合持续跟踪研究的内在需求。囿于篇幅,除特别强调之外,报告仅呈现 2011~2019 年(双年份)的信息。

② 为定位全面振兴的进程,引入东北三省之外其他省份的评价结果作为"参照系",所用指标依然是东北地区振兴进程评价指标体系,为避免概念过多引致理解不便,在此一并称为"振兴指数"。

续表

省市区	2011 年			2013 年			2015 年			2017 年			2019 年		
	值	总	年	值	总	年	值	总	年	值	总	年	值	总	年
辽宁	56.5	70	11	57.0	67	12	60.0	57	12	61.4	55	12	60.5	56	14
陕西	48.9	108	15	50.0	99	18	54.1	81	17	55.2	77	18	60.0	58	15
河北	48.4	112	16	52.0	92	15	56.3	71	13	56.7	68	15	58.9	61	16
湖南	46.2	124	21	49.9	100	19	54.5	79	16	56.6	69	16	58.6	62	17
海南	52.3	90	13	50.7	97	17	53.2	82	18	55.3	75	17	57.5	64	18
河南	47.7	117	19	48.3	113	21	53.1	84	19	55.1	78	19	57.4	65	19
广西	44.4	127	22	46.7	120	22	51.7	93	20	53.1	83	20	55.6	74	20
吉林	47.8	116	18	51.5	95	16	49.9	101	21	52.8	87	21	54.4	80	21
贵州	38.2	145	27	41.4	136	26	46.3	122	26	49.4	103	24	53.0	85	22
山西	47.7	118	20	49.0	107	20	48.7	111	24	51.5	94	22	52.8	88	23
宁夏	43.8	131	24	46.3	121	24	49.2	105	23	49.4	102	23	52.1	91	24
黑龙江	43.9	130	23	46.3	123	23	48.8	109	23	49.2	106	25	51.4	96	25
云南	37.7	146	28	39.1	142	28	43.9	129	28	44.4	126	27	49.3	104	26
内蒙古	39.2	141	26	43.2	132	25	47.2	119	25	48.1	115	26	48.8	110	27
新疆	39.6	140	25	40.3	139	27	44.2	128	27	42.8	133	28	44.9	125	28
甘肃	34.1	153	30	35.7	149	30	37.4	147	30	38.9	144	30	41.2	137	29
青海	34.4	152	29	36.9	148	29	41.6	135	29	42.6	134	29	40.6	138	30
西藏	26.8	155	31	31.6	154	31	34.8	150	31	34.5	151	31	39.1	143	31
平均	45.8	103	16	49.9	89.9	16	52.5	80.9	16	58.0	63.6	16	62.7	52.5	16

注：①对于表中的字段名称，"值"表示各省市区对应年份的指数得分，"总"表示各省市区 2011～2019 年多年连续总排名，"年"表示各省市区某个单年的排名；②表中 31 个省市区按照 2019 年的指数得分由高到低（降序）排列。

进一步考虑到东南三省（江苏、浙江、广东）为国务院确定的东北三省对接合作省份①，作为学习的标杆，与其进行了对标分析。2011～2019 年（双年份），6 省份振兴指数由高到低依次为：江苏、浙江、广东、辽宁、吉林、黑龙

---

① 在本书被重点引入与东北三省进行对比分析。

江；东南三省总体呈现上升的发展态势，其中江苏省和浙江省的发展优于广东省；东北三省总体呈上升发展趋势，但是只有辽宁省在2011~2019年的发展水平均突破50分（临界线），吉林省2018年（52.5分）和2019年的发展水平突破50分，黑龙江省在2019年突破50分。相比东南三省中发展水平稍低的广东省，差距依然很大；吉林省和黑龙江省振兴指数的整体增长幅度高于东南三省，其中吉林省的增幅为9.15%，黑龙江省的增幅为6.22%；辽宁省振兴指数的整体增长幅度为6省份中最低，为3.8%。

表5-3 2011~2019年（双年份）6省振兴指数值及单年排名

年份	辽宁	吉林	黑龙江	江苏	浙江	广东	全国平均
	值/序	值/序	值/序	值/序	值/序	值/序	值
2011	52.52/9	39.80/16	41.17/14	71.02/4	71.22/3	66.93/6	45.84
2013	55.06/10	42.48/20	44.64/16	72.82/3	72.66/4	70.47/6	49.89
2015	56.46/11	47.83/18	43.87/23	74.34/3	73.59/4	72.91/5	52.52
2017	59.95/12	49.88/21	48.84/23	79.21/4	79.94/3	79.11/5	58.03
2019	60.51/14	54.37/21	51.41/25	87.34/3	87.31/4	80.80/6	62.69
平均	56.90/11.2	46.87/19.2	45.98/20.2	76.95/3.4	76.95/3.6	74.04/5.6	53.80

2011~2019年（双年份），全国平均水平呈平稳上升趋势，东北地区亦呈平稳上升趋势，但上升相对缓慢；东北地区的发展水平（2011~2015年未超过50分）低于全国平均水平，且差距有进一步扩大的趋势；辽宁省整体优于全国及东北地区的平均水平，但优势在逐渐缩小，2019年低于全国平均水平；黑龙江省在经历2015年的下滑后于2016年开始缓慢回升；吉林省整体呈上升趋势，2011~2019年持续上升发展，2015年超越黑龙江省；相对其他两省，辽宁省起点较高，情况稍好一些，吉林省的整体发展水平优于黑龙江省，具体如图5-1所示。

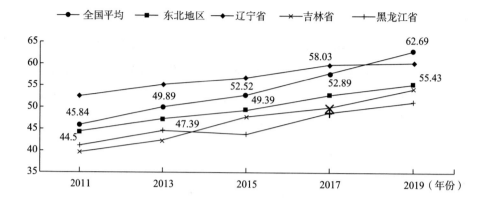

图 5-1　2011~2019 年（双年份）振兴指数基本走势

注：①全国平均指 31 个省市区的平均水平；②全国范围内（可采集到的数据），振兴指数的最大值为 2019 年上海的 92.627 分，最小值为 2011 年西藏的 25.489 分。

2011~2019 年（双年份），东北三省振兴指数在全国 31 个省市区双年份数据集（共 155 个指标值）中相对位置分布情况如图 5-2 所示。可见，东北三省双年份（5 年，共 15 个数据）振兴指数的百分比排位高于 65% 的仅有 2 个，处于 50% 以下的有 9 个，排位的最大值是 2017 年的辽宁省（69.4%），最小值是 2019 年的吉林省（21.4%）。可见，东北三省的整体发展位次亟待提升。

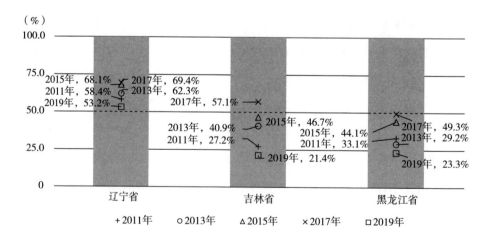

图 5-2　2011~2019 年（双年份）东北三省振兴指数百分比排位图

2011~2019 年（双年份），四大区域振兴指数由高到低依次为：东部、中部、东北、西部；四个区域均呈现逐年上升的发展趋势，但整体发展水平有待进一步提升（四个区域的平均得分均未超过 70 分）；相对而言，东部地区优势明显，中部地区和西部地区的发展势头较好（增幅较大，分别为 13.15% 和 13.57%），东北地区的增幅为 6.14%；东北地区的发展水平较东部地区有明显差距，具体如表5-4 所示。

表5-4 2011~2019 年（双年份）四大经济区振兴指数平均值及排名

年份	东北		东部		西部		中部	
	平均值	年排名	平均值	年排名	平均值	年排名	平均值	年排名
2011	44.5	13	63.72	6	33.96	23.8	40.46	18
2013	47.39	15.3	65.93	6.6	39.09	23.4	46	17.2
2015	49.39	17.3	67.82	6.5	41.64	23.3	50.37	16.5
2017	52.89	18.7	72.74	6.8	47.83	23.1	56.48	15.8
2019	55.43	20	77.8	7.5	52.4	22.5	61.74	15.2
平均	49.92	16.9	69.6	6.8	42.98	23.2	51.01	16.5

注：为确保区分度，对于具有平均意义的排名（序），保留一位小数，以下各表同。

2011~2019 年（双年份），七个区域振兴指数由高到低依次为：华东、华北、华南、华中、东北、西南、西北；七大区域均呈现平稳上升的发展趋势，但整体发展水平有待提升（除华东地区外，其他六个区域的振兴指数得分均未超过 70 分）；相对而言，华东地区优势明显，西北、华中和西南地区的发展势头较好（增幅较大，分别为 11.64%、13.97% 和 15.69%）；在七个区域中，东北地区排名相对靠后，与最优的华东地区相比差距明显，如表5-5 所示。

表5-5 2011~2019 年（双年份）七大地理区振兴指数平均值及排名

年份	东北	华北	华东	华南	华中	西北	西南
	值/序	值/序	值/序	值/序	值/序	值/序	值/序
2011	44.50/13	51.30/13.8	64.37/5.8	49.34/14.3	39.60/18.8	32.59/24.8	35.08/22.2
2013	47.39/15.3	54.74/13.4	66.60/5.7	53.55/14.3	45.02/18.5	37.76/24.6	40.31/21.8

年份	东北	华北	华东	华南	华中	西北	西南
	值/序	值/序	值/序	值/序	值/序	值/序	值/序
2015	49.39/17.3	56.66/14	68.96/5.5	56.53/13.3	49.33/17.3	40.16/24.6	43.06/21.8
2017	52.89/18.7	61.53/14	74.54/5.7	61.32/14.3	56.57/15.3	45.32/25	49.69/21.4
2019	55.43/20	65.20/15.2	81.02/5.7	64.63/14.7	61.72/14.8	47.77/25.2	57.10/19.4
平均	49.92/16.9	57.89/14.1	71.10/5.7	57.07/14.2	50.45/16.9	40.72/24.8	45.05/21.3

为了便于直观分析，将指数信息按空间分类、时间排列、优劣序化等方式整理后，形成多年振兴指数的可视化集成图（见图5-3至图5-5），结合表5-2的信息，以全国四大经济区为划分标准，对东北三省全面振兴进程综合评价如下：

（1）中部地区平均发展水平增速较快，2015年实现了对东北地区的超越，但均未达到全国平均水平。从反映西部、中部、东北、东部四大区域振兴指数平均得分曲线的变化情况可以看出，中部起点较低，但增速较快，2015年实现了对东北地区的反超，且从得分增长情况看仍有较大发展空间；西部基础相对薄弱，振兴指数2011~2019年（双年份）始终未达到全国平均水平，但整体水平稳中有增，其中重庆的发展已远超全国平均水平；东部发展较为成熟，遥遥领先于其他3个地区；东北地区指数得分的年均增幅在4个区域中排名最末，发展相对乏力。

（2）东北地区指数得分虽持续增长，但增幅相对较低。中国各区域综合发展状况总体良好，保持平稳的增长势头；2011~2019年（双年份），四大区域振兴指数均呈上升趋势，指数得分的年均增幅由高到低依次为：中部（2.7分）、西部（2.3分）、东部（1.8分）、东北（1.4分）；东北地区的指数得分略高于西部地区，但西部最优水平明显高于东北和中部地区；西部地区的指数得分直到2019年实现对50分这条临界线的突破；中部和东北地区分别于2015年和2016年实现对50分的跨越。

（3）相对于全国绝大部分省份的大踏步前行，东北三省均有起伏，安徽省（中部最优水平）于2015年实现对辽宁省（东北最优水平）的超越。2011~2019

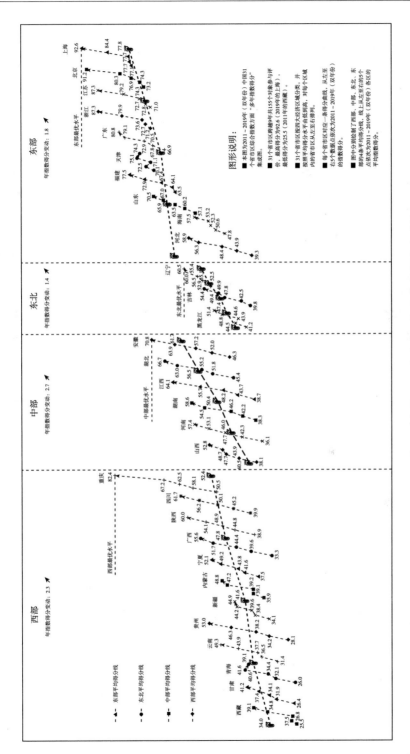

图 5-3　2011~2019 年（双年份）31 个省市区振兴指数得分变动情况

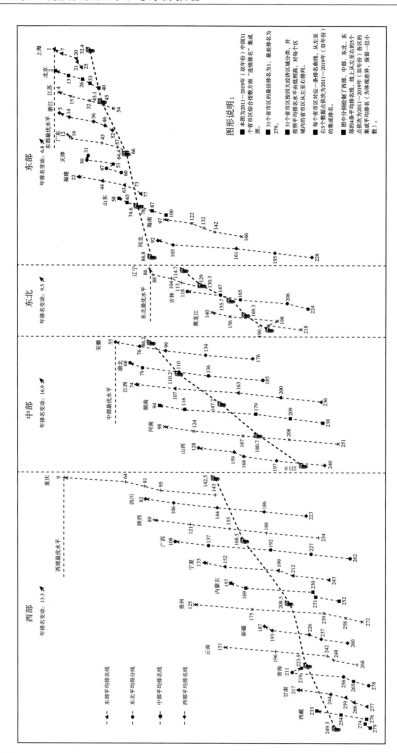

图 5-4 2011~2019 年（双年份）31 个省市区综合发展水平多年连续排名变动情况

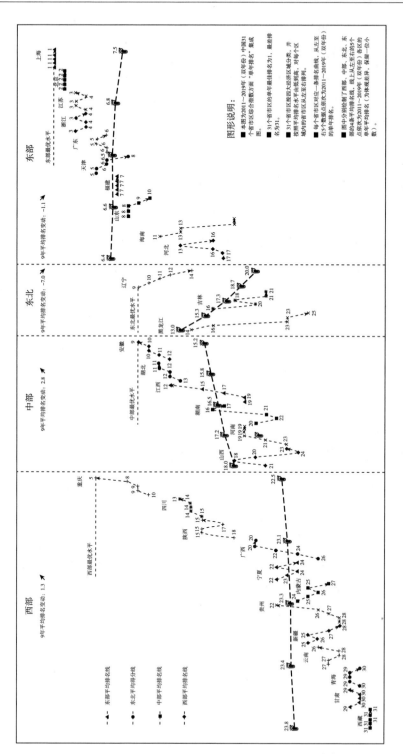

图5-5　2011～2019年（双年份）31个省市区综合发展水平单年排名变动情况

年，四大区域的振兴指数连续排名均呈上升趋势，年均排名改进幅度由高到低依次为：中部（16.9 名）、西部（13.3 名）、东北（9.5 名）、东部（6.8 名）；中部地区排名提升最快的是江西省、河南省和湖南省（9 年间分别提升 162 位、153 位、144 位），中部最优水平（安徽省 2015 年的 99 名）已超越东北最优水平（辽宁省 2015 年的 104 名）；西部地区排名提升最快的是广西壮族自治区（从 2011 年的 262 名提升至 2019 年的 108 名），西部最优水平（重庆市 2019 年的 9 名）优于中部最优水平；东部地区上升最快的是河北省（从 2011 年的 228 名发展至 2019 年的 92 名），但与东部大部分省份差距依然明显；在东北三省中，黑龙江省从 2011 年的 218 名上升至 2013 年的 189 名后，2015 年下跌至 198 名，之后强势反弹至 2019 年的 140 名，吉林省从 2011 年的 224 名升至 2019 年的 118 名，为东北地区排名提升最快的省份，辽宁省整体水平优于吉林省、黑龙江省，9 年间排名整体呈现上升趋势，最终排名上升了 19 名。

（4）近年来，东北地区单年平均排名退步明显，持续改进压力较大，相对于全国其他地区，东北相对优势退失明显。单年排名的变化体现了此消彼长的相对竞争能力，2011~2019 年（双年份），在西部地区 12 个省域中，单年排名仅西藏自治区维持不变（31 名），排名退后的有 4 个（占 33.33%），排名提升的有 7 个（占 58.33%），其中广西壮族自治区和贵州省排名提升 6 名，新疆维吾尔自治区和内蒙古自治区均下降 3 名，分别为西部地区上升与下降最快的 3 个省区；在中部地区 6 个省域中，单年排名提升的有 5 个（占 83.33%），排名后退的有 1 个（占 16.67%），其中江西省排名提升 7 名，山西省下降 2 名，为中部地区上升与下降最快的省份；在东部地区 10 个省域中，单年排名维持不变的有 4 个（占 25%），排名退后的有 4 个（占 40%），排名提升的有 2 个（占 20%），其中河北省排名提升 2 名，海南省下降 7 名，分别为东部地区上升与下降最快的 2 个省份；东北地区辽宁省单年排名倒退 5 名（跌出前 10 名），吉林省排名倒退 5 名，黑龙江省倒退 11 名。东北地区平均排名下降幅度最大（9 年平均排名下降 7 名），与中部地区形成强烈反差（9 年平均排名上升 2.8 名），虽然于 2016 年略有回升，但总体来说，相对优势退失明显。

（5）2011~2019 年（双年份），在东北地区整体发展缓慢，相对优势下滑明显的共同背景下，依然需警惕由相对能力的下降而引发绝对能力衰退的可能。从反映中部、西部、东部及东北的 4 条发展曲线可以看出，2011~2019 年（双年份），四大区域的绝对能力均有程度不一的提升（见图 5-3 和图 5-4），但部分区域（东部和东北部）的相对能力出现下跌（见图 5-5），考虑到东部地区大部分省份普遍处于前列，基础夯实，发展水平高，出现微弱下滑（9 年平均排名下滑 1.1 名）是正常的调整，与东北地区的大幅下跌性质迥异；中部处于持续提升、加速发力的良好状态中；西部基础偏弱，但整体处于稳定发展的过程中；因而在全国四大经济区里，东北衰退特征相对明显。比较省份之间的发展，辽宁省、吉林省和黑龙江省的相对优势退失较为明显，虽指数得分出现了缓慢提升，但单年排名均呈下降态势，因而就综合发展水平而言，东北在相对能力上的改善依然不显著，仍需警惕引发实质上倒退的可能（表现为单年排名得分出现负增长）。

（二）2020~2025 年东北振兴全面评价展望

在数据收集的过程中，发现官方数据公布滞后，并且不同途径的官方数据滞后程度不一，导致东北全面振兴评价不能达到实时评测的效果。2011~2019 年的集成分析显示，省域、区域的综合指数增长规律明显，短期内不太可能有突变的情形。因此，本书通过 2011~2019 年基础数据、分项指数以及综合指数的发展规律，2020~2025 年（"十四五"规划期间）对 31 个省域的发展进行预测，并展望未来的成长路径。

本书运用易平涛等（2019）给出的多源随机聚合评价方法，对东北振兴 2020~2025 年的评价结果进行预判，并采用多种情境对东北地区和其他省份进行模拟分析。

1. 预判方法

本书基于 2011~2019 年的数据，以 2019 年为基点，分别获取 2020~2025 年在最小增幅和最大增幅下的预测数据，并组成预测区间。在预测区间内进行充分的模拟，通过两两省域间的比较，获取优胜度矩阵。为了提升评价结果的可靠性和稳定性，本书线性合成各省市区的优胜概率，并对其进行放大处理，得到各省市区的综合优胜指数（具体过程详见附录Ⅵ）。

2. 2020~2025 年预判结果分析

为便于直观分析，仍将 2020~2025 年 31 个省市区的优胜指数信息按空间分类、时间排列、优劣序化等方式整理后，形成多年优胜指数的可视化集成图（见图 5-6 至图 5-8），对 31 个省市区及东北三省全面振兴进程综合预判如下：

（1）东北地区优胜指数得分虽然持续增长，但线程短、增幅低。中国四大区域的优胜指数得分保持平稳增长，总体呈上升趋势，得分年均增幅由高到低依次为：中部和西部（2.5）、东北（1.2）、东部（1.1）；东部地区的起点高，遥遥领先于其他 3 个地区，其他 3 个地区 2025 年的优胜指数水平均未达到东部地区 2020 年的起点得分；中部地区起点偏低（低于 50 分），但发展最快，2022 年超过 50 分，2024 年超过了 60 分，势头强劲；西部地区 2021 年的平均优胜指数超过东北地区平均水平，更是在之后的年份不断拉大差距，从趋势来看西部地区仍有较大发展空间；东北地区的优胜指数得分增幅最低，到 2025 年东北地区得分未超过 40 分，发展相对乏力。

（2）全国大部分省份大踏步前行，东北三省起点低、步伐小，有 20 个省份实现对辽宁省（东北最优水平）的超越。全国省域的发展形势一片大好，大部分省份优胜指数连年攀升，发展势头较好。东部地区的上海、北京稳居 90 分以上；西部地区的云南省、贵州省、广西壮族自治区，中部地区的河南省、湖南省、江西省，东部地区的河北省，增幅最大；在东北三省中，黑龙江省未突破 20 分，吉林省和辽宁省在 40 分左右徘徊，吉林省增幅和增率最大，其次是黑龙江省，最后是辽宁省。

（3）东北地区连续排名持续增长，但增长缓慢，西部地区在 2020 年起点排名高于东北地区，之后差距拉大。2020~2025 年，四大区域的优胜指数连续排名均呈上升趋势，年均排名变动幅度由高到低依次为：中部（3.9 名）、西部（3.9 名）、东部（2.0 名）、东北（2.0 名），西部地区 2025 年的排名未超过中部地区 2020 年的排名；中部地区排名提升最快的是河南省（44 位）、湖南省（41 位）、

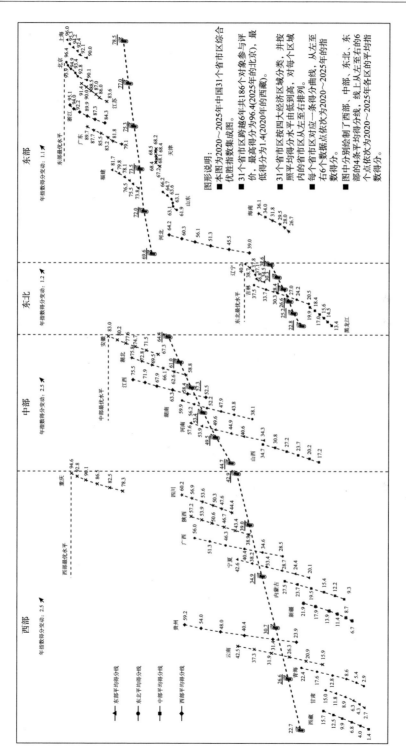

图 5-6 2020～2025 年 31 个省市区优胜指数得分变动情况

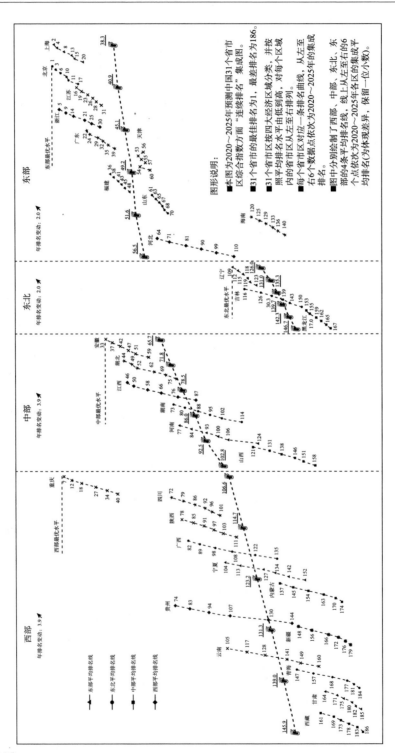

图 5-7 2020～2025 年 31 个省市区优胜指数多年连续排名变动情况

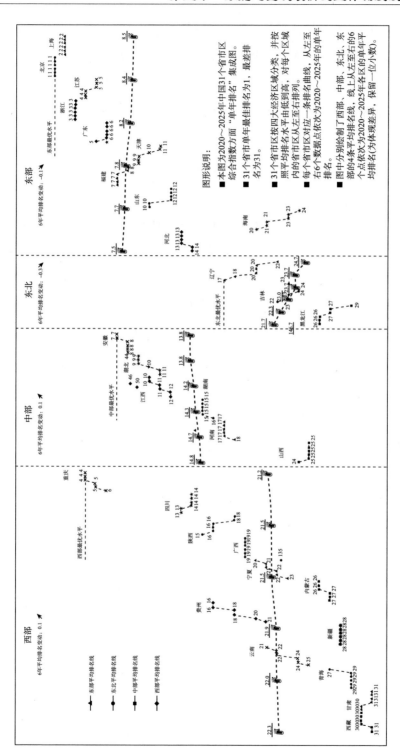

图 5-8　2020～2025 年 31 个省市区优胜指数单年排名变动情况

江西省（41 位），西部地区提升最快的是贵州省（70 位）、云南省（55 位）、广西壮族自治区（53 位），东部地区提升最快的是河北省（46 位）；在东北三省中，辽宁省从 123 名提升到 109 名，吉林省从 150 名提升到 116 名，提升幅度最大，黑龙江省从 167 名提升到 153 名，提升幅度最小；辽宁省整体最优，其次是吉林省，最后是黑龙江省。

（4）2020~2025 年，东部地区、西部地区、中部地区发展平稳，东北地区单年年均排名下降明显，东北相对优势进一步退失。区别于图 5-6 和图 5-7 显示的节节攀升的态势，单年排名竞争较为激烈。西部地区、中部地区发展平稳，年均变动 0.1 名，东部地区年均排名略有下降（下跌 0.1 名），东北地区下降 0.3 名；西部地区的云南省（4 位）、贵州省（5 位）、重庆市（2 位），中部地区的湖北省（2 位）、江西省（2 位）、安徽省（1 位）排名连年增长，发展势头较好。反观东北地区排名连年下滑，黑龙江省下跌 5 名，吉林省下跌 2 名，辽宁省从 17名下跌至 22 名，相对竞争力逐年减弱。总体来说，东北地区的相对优势进一步退失。

在此基础上，针对东北三省的能力排名，本书进一步就不同情境进行了排名模拟。具体分了三种情境进行了模拟分析，结果如表 5-6 所示。

表 5-6　东北三省 2020~2025 年不同努力情境下的排名对比

省份	年份	参考区间		非预期增长区间		预期增长区间		预期增长区间			
								下预期增长区间		上预期增长区间	
		连续排名	单年排名	连续排名	单年排名	连续排名	单年排名	连续排名	单年排名	连续排名	单年排名
辽宁	2020	123	17	117	18	130	15	123	17	111	13
	2021	119	18	122	20	113	15	116	18	91	13
	2022	118	20	134	23	100	15	109	18	73	12
	2023	115	20	139	24	90	15	100	19	56	10
	2024	112	20	144	24	77	14	91	19	49	9
	2025	109	22	150	25	66	14	83	20	40	9

省份	年份	参考区间		非预期增长区间		预期增长区间		预期增长区间			
								下预期增长区间		上预期增长区间	
		连续排名	单年排名	连续排名	单年排名	连续排名	单年排名	连续排名	单年排名	连续排名	单年排名
吉林	2020	150	22	141	23	156	21	152	22	140	19
	2021	143	23	143	25	142	20	141	22	119	18
	2022	139	23	146	25	126	21	129	21	99	14
	2023	132	24	149	25	109	21	119	21	78	14
	2024	126	24	148	25	94	21	106	21	65	13
	2025	116	23	145	24	82	21	96	21	51	12
黑龙江	2020	167	26	154	26	169	25	166	26	159	24
	2021	165	26	162	27	161	26	161	26	143	22
	2022	162	26	169	28	151	26	157	26	128	22
	2023	159	27	173	29	139	26	151	26	108	21
	2024	155	27	178	31	127	26	144	26	92	18
	2025	153	29	181	31	114	26	135	26	76	16

（1）不加入主观偏好的情境。该情境下，对参考区间进行了充分模拟，得出东北三省多年连续排名均得到了提升，但单年竞争性排名仍处下跌趋势的主要结论。具体而言，辽宁省下跌5名，黑龙江省下跌3名，吉林省企稳，但排名尚未反转。

（2）偏乐观—偏悲观情境。为了更好地观测东北三省在不同努力程度下的排名变化，本书以50%的努力程度为临界点，将参考区间划分为非预期增长（偏悲观）区间和预期增长（偏乐观）区间。

偏悲观情境下得到的排名结果不乐观，多年连续排名和单年竞争排名均出现了较大程度的倒退。从偏乐观情境下的模拟结果可以看出，东北三省多年连续排名改善，但单年竞争排名仅能维持现状，辽宁省维持在14名左右，吉林省维持在21名左右，黑龙江省维持在26名左右。

（3）超预期发展情境。为了进一步判断东北三省付出多大努力程度可以实现排名的反转，本书在偏乐观发展情境的基础上，取预期增长区间的中值（即以

75%为临界点），将其划分为上、下预期增长区间，形成超预期发展情境。

从排名结果可以看出，在上预期增长区间，东北三省的单年竞争排名实现了反转，辽宁省提升了4名，吉林省提升了7名，黑龙江省提升了8名。因此，可以得出结论，东北地区进行新一轮振兴是必然的，需要经过重大的努力才能缓解或抑制相对能力的下滑。

（三）综合研判

基于2011~2019年中国四大区域和31个省域的纵横向分析以及2020~2025年的预测数据，可以形成以下几点综合研判：

（1）"十四五"时期，全国所有省份，无一例外均能实现稳定的增长，综合国力稳步提升，呈现出全面、协调、稳健发展的大好局面。

（2）从整体上看，东北地区"稳中有进、相对落后"的趋势难以骤改。在地区内部，辽宁、吉林、黑龙江三省态势各异，从相对能力上看，呈现出"辽徘徊，吉挫止，黑下行"的特征，其中，辽宁省的整体实力最强，后发优势较大，但加速追赶态势并未形成；吉林省存量较小，改进趋势相对明朗，呈现出止跌回转的态势；黑龙江省整体表现依然不佳，下行压力较大。

（3）东北地区正陷入相对能力急剧退失的怪圈中。放眼未来，不单是绝对能力的提升，"全国范围内相对能力的回升"将会成为东北全面振兴的重要指针。比较东北三省各自的情况，从发展态势上推断，将来率先走出区域增长困境的省份，极有可能是吉林省，而肩负引领东北地区实现全面振兴重担的省份，应该是辽宁省。

（4）东北地区全面振兴道长路艰，短期内扭转颓势困难重重。乐观估计，如果东北地区内生发展动力被有效激活，内在优势得到充分释放，同时国家政策层面出台针对东北地区的重大战略性利好（如批复第十个国家中心城市落户东北，支持扩大自贸试验区，加快推进拓展东北亚合作机制等），驱动东北地区产生对人才、技术、资金等稳固持续的吸引力，东北地区换挡超车，追赶上全国发展的步伐才有可能真正实现。

第六章　结论与建议

本章对研究结论进行总结与概括，给出研究过程中发现的主要观点，并在此基础上，进一步提出相应的政策建议。

第一节　主要观点

1. 东北地方政府"指标使用"总体情况相对滞后，"循数治理"能力较弱，亟待提升

通过采集 2016~2021 年东北地区辽宁、吉林、黑龙江及东南地区江苏、浙江、广东（对口合作省份）等各级人民政府的工作报告，提取其中的指标信息，得到 81676 条数据，其中东北地区 31446 条，占比 38.5%；而东南地区 50230 条，占比 61.5%，差距较大。进而在非重复性指标使用数、关键指标及关键主题等内容的分析中，也可以看出东北地区存在"指标使用数量少""关键指标细化度不够"等差距。

（1）东北三省使用的非重复性指标数量普遍低于东南三省，但增势喜人。东北三省在近 6 年（2016~2021 年）的发展过程中，使用的非重复性指标数量普遍低于东南三省，而且存在区域差异性。辽宁省在发展过程中使用的非重复性指

标数量总体多于吉林省和黑龙江省，且呈现波动上升的发展趋势。非重复性指标数量使用趋势显著上升，2016~2020年，东北地区沈阳市非重复性指标使用数量的增幅较为明显，在2021年的使用量仅次于杭州。在东北地区的地级市层面，"十四五"规划的开局之年（2021年），28个地级市（占比82.4%）非重复性指标的使用数量均有明显增加。

（2）东北三省关键性指标与主题和东南三省具有显著差异，区域特色鲜明。与东南地区更多关注于经济发展与创新驱动相比，东北地区更加关注于人民生活条件和环境的改善以及安全保障能力的提升，特别是在粮食安全和能源安全方面，更加体现了"优先稳就业保民生，坚决打赢脱贫攻坚战"的底线思维，这是共和国长子情怀在"新时代"的弘扬和传承。

2. 打造基于差异化能力的"雁阵式"发展模式是提高东北地区"循数管理"能力的有效举措

东北三省在"循数管理"能力上存在显著的区域内差异，短时间内实现所有省份"循数管理"能力的全面提升是不科学的，因此，应该基于现有基础形成"东北循数管理能力提升看'辽宁'，辽宁看'沈阳'"的以"辽宁省"为雁首，"黑龙江省"为雁身，"吉林省"为雁尾的梯队式提升发展模式。辽宁省的大连市和本溪市、吉林省的四平市和通化市以及黑龙江省的哈尔滨市和齐齐哈尔市等城市具有区域内的相对优势，也可以作为循数管理能力提升的"潜在雁首"进行培育。

3. "辽徘徊，吉挫止，黑下行"是对东北经济未来发展的研判

基于2011~2019年中国四大区域和31个省域的纵横向分析，以及2020~2025年的展望，可以得出以下结论："十四五"时期，全国所有省份，无一例外都能实现稳定的增长，综合国力稳步提升，呈现出全面、协调、稳健发展的大好局面。从整体上看，东北地区"稳中有进、相对落后"的趋势难以骤改，相对而言，辽宁省的整体实力最强，后发优势较大，但加速追赶态势并未形成，吉林省存量较小，改进趋势相对明朗，黑龙江省下行压力依然较大。比较三省，将来率先走出区域增展困境的省份，极有可能是吉林省，而肩负引领东北地区实现全面振兴重担的省

份，应该是辽宁省。东北全面振兴依然道长路艰，短期内扭转颓势困难重重，必须经过砥砺创新、内外并举、多方合力、久久为功，才有可能追上全国发展的步伐。

第二节 政策建议

1. 东北地区加大改革力度，建立"循数治理"长效机制，以数字化赋能政务服务

政府效能作为发展的全局基点，是政府公信力和执行力增强的体现，新时代下政府应当具有推动经济社会发展、管理社会事务、服务人民群众的职能与作用。东北地区政府效能的发挥面临着营商环境欠佳、内生力量不足、简政放权力度不精、政务推进存在掣肘等困境。同时，"十四五"规划和2035年远景目标纲要明确提出"提高数字化政务服务效能"的要求，政府治理理念不断升级，东北地区政府的改革进程难免呈现"慢人一步"的窘境。对此，东北地区政府未来应继续落实改革的力度，扭转治理理念，对标东南等政府改革成效显著地区，扬长避短，提高补短板的针对性，破解经济向高质量发展转型的体制机制障碍。进一步加强"数字化政务服务"的建设，将数字技术广泛应用于政府管理服务，运用云计算、大数据、人工智能等数字技术，促进政府履职和政府运行，形成即时感知、科学决策、主动服务、高效运行、智能监管的新型治理形态。力争在未来建设形成一体化政务服务平台，跨地区跨部门实现一网通办、联通联办、协同共办，让政府改革成果更多更公平地惠及全体人民，将为人民服务落到实处。

2. 构建"东北全面振兴指数"，搭建监测平台，发布动态评价报告，释放评价工作的定位、聚焦、引导、推动价值

建立"东北全面振兴指标库"，并在实际工作推进中持续更新完善，在此基础上，构建出及时、连续、稳定的"东北全面振兴指数"，协调各部门，搭建监

测平台，开放数据接口，及时共享信息，定期发布动态评价报告，以期推动社会治理各层级各部门找准短板、对症下药，并在动态监测进程中，聚焦东北全面振兴工作重点，依据工作或项目的实际完成情况，比差距、找原因、定措施、促发展，为东北全面振兴的基层社会治理工作提供精准的数字标尺。

3. 增加东北地区全面振兴的"活力性"和"深度化"指标，更好实现"以评促建"

兼顾"普适性"与"区域特色化"两个特征，在东北地区常用指标体系的基础上，从"经济发展""政府效能""创新驱动""区域开放""安全保障"和"民生福祉"六个方面，增加"活力性"和"深度化"指标，提高指标体系的科学性与全面性。

（1）经济发展方面，考虑到国有企业比重较高的特点，东北地区需增加"国有企业提质增效"和"民营经济发展绩效"的双重指标，以指标动态监测实现"国有"和"民营"经济双管齐下，协力加速东北经济发展。

（2）政府效能方面，东北地区和东南地区对于简政放权、脱贫攻坚等与百姓息息相关的内容都十分专注，但东北地区应在原有的"扶贫项目投入额""取消、下放行政审批事项数""行政许可事项全程网办率"等指标基础上增加如"一般公共预算民生支出占比""民生事项实现'一证通办'数""'最多跑一次'实现率"等更加深入和细化的"数字化政府"的指向性指标，加速政府数字化改革的进程。

（3）创新驱动方面，重视程度还需提升，特别是关键指标的落实程度还有待进一步加强，同时增加创新投入的力度，加大"R&D经费占GDP比重"指标的建设，提高研发经费的投入；加大研发机构和科技企业孵化器的建设力度，提高创新驱动的活力氛围，营造良好的创新环境，提高科研攻坚的水平。

（4）区域开放方面，东北地区在关注国内市场的同时，要更加重视国际市场的建设及其所带来的经济效益，不仅要增加经济建设方面的指标（如"境内外上市企业数""对外直接投资额"），而且还要逐渐加大文化层次等高质量指标的数量（如"国际友好城市数""参与国际标准和国家标准制修订数"等）。

（5）安全保障方面，针对东北地区资源管理与节约利用度不高的问题，需增加"具化"的资源利用率指标，比如：石油碳捕集利用，助力碳达峰与碳中和目标；提高废钢、工业与畜牧业废弃物的综合利用量；保护独有的黑土地宝藏，提高土地利用效率；抵制农作物秸秆焚烧与胡乱堆放现象，提升秸秆综合利用率；推进落实节水与水污染防治工作，提高水资源利用率与水质达标率等。

（6）民生福祉方面，东北地区民生建设的落脚点侧重于民生底层，但工作辐射的广度与深度有待提升，"卫生服务""文化服务""医疗保险""高等教育""医院""托位"等领域的关注度相对薄弱，因此，促进民生高质量发展是指标设置的根本标准，要补齐民生短板（如幼儿发展、老龄人口养育等），增加诸如强化更高质量就业，全面推进健康建设，建设高质量教育体系，健全多层次社会保障体系，巩固脱贫攻坚成果，优化城乡基础设施等指标。

附　录

附录 I：东北全面振兴指标体系

一级指标	二级指标	三级指标	评价指标	备选指标
东北全面振兴指标体系	经济发展	经济基础	人均地区生产总值	—
			地区生产总值增速	
			全员劳动生产率	
			固定资产投资额	
			社会消费品零售总额	
		产业发展	服务业增加值占生产总值比重	规模以上产业项目数、文化产业增加值占地区生产总值比重、金融业增加值占GDP比重
			规模以上工业增加值	
			战略性新兴产业业务收入	
			数字经济核心产业增加值	
			农业综合机械化水平	
		企业活力	升级企业指数	国有企业"以投促引"产业项目数、国有"僵尸企业"处置数、"个体工商户数"、"小微企业贷款新增额"
			"上云"企业数	
			淘汰落后产能企业数	
			民营企业主营业收入增长率	
			国企利润总额增长率	
	政府效能	营商环境	市场主体新增数	—
			为企业减负金额	
			"最多跑一次"实现率	
			不动产登记办理时限	
			行政许可事项全程网办率	

一级指标	二级指标	三级指标	评价指标	备选指标
东北全面振兴指标体系	政府效能	行政服务	信访案件化解率	出台修订政府规章数
			取消、下放行政审批事项数	
			政务服务事项网上实办率	
			人大、政协代表议案办理率	
			民生事项实现"一证通办"数	
		监管治理	"三公"经费下降率	死亡人数下降率、商品房库存去化周期、打掉黑恶犯罪团伙个数
			一般性支出压减率	
			刑事案件发案下降率	
			金融机构不良贷款率	
			拆除违法建设面积	
	创新驱动	创新基础	科技型中小企业数	院士专家工作站数、农业科技园数量
			高新技术企业数	
			5G 基站建成数	
			研发机构数	
			科技企业孵化器数	
		创新投入	研发（R&D）人员占比	人均科技投入
			吸收高校毕业生人数	
			科技创新支出强度	
			产学研合作项目数	
			R&D 经费占 GDP 比重	
		创新产出	技术合同成交额	高新技术产业占规模以上工业增加值、专利授权量、专利申请量、科技成果转化实现数
			万人有效发明专利拥有量	
			高新技术企业产值增长率	
			攻克关键核心技术数	
			科技进步贡献率	
	区域开放	开放基础	境内外上市企业数	每万人移动电话数、国际友好城市数、农村电商服务站数
			运网密度	
			城市化水平	
			每万人国际互联网用户数	
			城市国际搜索关注度	

一级指标	二级指标	三级指标	评价指标	备选指标
东北全面振兴指标体系	区域开放	开放投入	项目引进数	对外直接投资额、外商投资企业数、实际到位资金额
			实际利用外资额	
			金融机构引进数	
			人才引进数	
			引进内外资额	
		开放效益	快递业务量同比增长率	货物吞吐量、旅客吞吐量、参与国际标准和国家标准制修订数、服务贸易进出口额、跨境人民币结算量
			旅游总收入	
			跨境电商进出口额	
			对外贸易依存度	
			电子商务交易额	
	安全保障	绿色生态	新增绿化面积	新增修复湿地面积、水土流失治理面积、污水厂建设数、整治黑臭河道数、国考省考断面水质优Ⅲ比例
			空气质量优良天数比率	
			森林覆盖率	
			PM2.5 平均浓度	
			单位 GDP 二氧化碳排放下降率	
		资源安全	粮食总产量	耕地保有量、绿色有机食品认证新增数
			集中式饮用水水源地水质达标率	
			黑土地保护性耕作面积	
			能源综合生产能力	
			人均水资源量	
		资源利用	单位 GDP 能耗下降率	批而未供土地利用面积、污染地块和受污染耕地安全利用率
			秸秆综合利用率	
			畜禽养殖废弃物资源化综合利用率	
			土地产出率	
			单位 GDP 用水量	
	民生福祉	居民生活	居民人均可支配收入	村均集体可支配收入、棚户区改造数、美丽乡村示范村数量、改建农村公路里程、光纤覆盖用户数
			居民消费价格指数	
			民生支出占财政支出比重	
			农村危房改造数	
			老旧小区改造数	

续表

一级指标	二级指标	三级指标	评价指标	备选指标
东北全面振兴指标体系	民生福祉	公共服务	义务教育学校标准化建设数	普惠性幼儿园在园幼儿占比、抗癌药纳入医保目录数、高等教育毛入学率、基本公共卫生服务项目人均经费标准、公共文化服务设施覆盖率
			基层综合文化服务中心建设数	
			每千人口医院床位数	
			科技公共服务平台数	
			新增托位数	
		社会保障	城镇登记失业率	保障性住房建成数、转移农村劳动力人数、每千名老人拥有养老床位数、人均预期寿命、基本养老保险参保率
			贫困人口脱贫数	
			基本医疗保险参保率	
			企业退休人员基本养老金月人均额	
			城乡最低生活保障标准	

附录 II: 指标解释及计算公式

（1）人均地区生产总值，衡量一个国家或地区每个居民对该国家或地区的经济贡献或价值创造。计算公式为：人均地区生产总值=地区生产总值/地区总人口。

（2）地区生产总值增速，反映一定时期经济发展水平动态变化程度的指标，衡量一个国家或地区经济是否具有活力。计算公式为：地区生产总值增速=（当年地区生产总值-上年地区生产总值）/上年地区生产总值×100%。

（3）全员劳动生产率，反映一个地区所有从业者在一定时期内创造的劳动成果与其相适应的劳动消耗量的比值，衡量劳动力要素的投入产出效率。计算公式为：全员劳动生产率=地区生产总值/年平均从业人员数×100%。

（4）固定资产投资额，以货币表现的建造和购置固定资产的工作量以及与此有关的费用的总称。

（5）社会消费品零售总额，是指企业（单位）通过交易售给个人、社会集团，非生产、非经营用的实物商品金额，以及提供餐饮服务所取得的收入金额。

（6）服务业增加值占生产总值比重，是指服务行业在一个周期内（一般以年计）比上个清算周期的增长值占当年地区生产总值的比重，反映了服务业的发展。计算公式为：服务业增加值占生产总值比重=服务业增加值/地区生产总值×100%。

（7）规模以上工业增加值数，是企业全部生产活动的总成果扣除了在生产过程中消耗或转移的物质产品和劳务价值后的余额，是企业生产过程中新增加的价值。

（8）战略性新兴产业业务收入，战略性新兴产业是以重大技术突破和重大发展需求为基础，对经济社会全局和长远发展具有重大引领带动作用，知识技术密集、物质资源消耗少、成长潜力大、综合效益好的产业（如新一代信息技术产业、高端装备制造产业、新材料产业、生物产业等）。

（9）数字经济核心产业增加值，反映数字经济核心产业的发展，包括数字产品制造业、数字产品服务业、数字技术应用业、数字要素驱动业。

（10）农业综合机械化水平，反映了农业生产过程中机械作业利用程度。计算公式为：农业综合机械化水平＝（0.4×机耕面积＋0.3×机播面积＋0.3×机收面积）/农作物播种面积×100%。

（11）升级企业指数，反映企业规模升级情况。计算公式为：升级企业指数＝"个转企"指数＋"小升规"指数＋"规升巨"指数，其中，"个转企""小升规"及"规升巨"指数分别指地区的"个转企"户数、"小升规"企业数及"规升巨"企业数无量纲化后的结果。

（12）"上云"企业数，是指以互联网为基础进行信息化基础设施、管理、业务等方面应用的企业数，反映企业信息化水平。

（13）淘汰落后产能企业数。落后产能从两方面判断：一是技术水平低于行业平均水平的生产设备、生产工艺等生产能力；二是生产设备、生产工艺的污染物排放、能耗、水耗等技术指标高于行业平均水平。落后产能的淘汰、退出能够改变市场的供求关系，减轻产能过剩的程度，提升企业和市场的活力。

（14）民营企业主营业务收入增长率，反映民营企业的发展活力在一定时期动态变化的程度。计算公式为：民营企业主营业务收入增长率＝（当年民营企业主营业务收入－上年民营企业主营业务收入）/上年民营企业主营业务收入×100%。

（15）国企利润总额增长率，反映国企在一定时期实力和活力的动态变化程度。计算公式为：国企利润总额增长率＝（当年国企利润总额－上年国企利润总额）/上年国企利润总额×100%。

（16）市场主体新增数，是指新增的市场上从事交易活动的组织和个人，包括公司、个人独资企业、合伙企业、个体工商户等。

（17）为企业减负金额，包括减少企业税负、减少涉企收费、减轻各类市场主体收费等额度。

（18）"最多跑一次"实现率，是指群众和企业到政府办事"一次办结"的实现率。

（19）不动产登记办理时限，是指不动产首次登记、变更登记、转移登记、注销登记、更正登记、异议登记、预告登记、查封登记等办理时限。

（20）行政许可事项全程网办率，是指各类行政许可事项通过"网上办""掌上办""云办理"等互联网平台办理实现率。

（21）民生事项实现"一证通办"数，是指各类民生事项，如退休申请业务、养老保险参保业务、待遇支付等业务都能通过一张身份证实现办理的服务项目数。

（22）取消、下放行政审批事项数，是指地区每年取消、下放行政审批事项数。

（23）人大、政协代表议案办理率，是指每年人大和政协代表提案的落实和办理率。

（24）信访案件化解率，为信访案件化解数量与信访案件受理总数量之比。计算公式为：信访案件化解率=信访案件化解数量/信访案件受理总数量。

（25）"三公"经费下降率，是指政府部门人员因公出国（境）经费、公务车购置及运行费、公务招待费产生的消费较上一年度下降比率。

（26）一般性支出压减率。一般性支出，即国家权力机关和行政机关的经费支出，主要包括各级人大及人大常委会的活动费用，各级人民政府及其职能部门的活动费用压缩下降率。

（27）刑事案件发案下降率，是刑事案件发案数量较上一年度下降比率。计算公式为：刑事案件发案下降率=（上一年度刑事案件发案数量-本年度刑事案件发案数量）/上一年度刑事案件发案数量。

（28）政务服务事项网上实办率，是指政务服务事项通过互联网平台实现办理率。

（29）金融机构不良贷款率，是评价金融机构信贷资产安全状况的重要指标之一。计算公式为：金融机构不良贷款率=（次级类贷款+可疑类贷款+损失类贷款）/各项贷款×100%。

（30）拆除违法建设面积，是指当年拆除区域内违法建筑建设总面积。

（31）科技型中小企业数。科技型中小企业是指依托一定数量的科技人员从事科学技术研究开发活动，取得自主知识产权并将其转化为高新技术产品或服务，从而实现可持续发展的中小企业。科技型中小企业的数量越多，反映地区创新驱动的发展水平越好。

（32）高新技术企业数。高新技术企业能够持续进行研究开发与技术成果转化，形成企业核心自主知识产权，它是知识密集、技术密集的经济实体。该指标通过高新技术企业的数量，侧面反映了地区创新驱动的发展水平。

（33）5G基站建成数。5G基站是5G网络的核心设备，提供无线覆盖，实现有线通信网络与无线终端之间的无线信号传输。5G基站数量越多，对地区的创新拉动作用越明显。

（34）研发机构数。研发机构是指在区内设立的独立或非独立的具有自主研发能力的技术创新组织载体。该指标在一定程度上反映了地区的科研水平，研发机构数越多，相应的科研氛围越好，对创新驱动的发展起到促进作用。

（35）科技企业孵化器数。科技企业孵化器是培育和扶植高新技术中小企业的服务机构。它对推动高新技术产业发展，完善国家和区域创新体系、繁荣经济发挥着重要的作用，具有重大的社会经济意义。

（36）研发（R&D）人员占比，衡量地区研发人员的相对数量，指标越大，表明地区研发投入越高，对推动科研水平的提高、促进地区的创新发展有极大的积极意义。计算公式为：研发（R&D）人员占比=研发人员数/地区常住人口×100%。

（37）吸收高校毕业生人数，反映了对于人才的重视程度，吸收高校毕业生人数越多，表明地区创新发展越好，后劲充足。

（38）科技创新支出强度，衡量一个地区政府对于科技发展的支持力度，指标越大，表明政府对于科技创新的支持力度越大。计算公式为：科技创新支出强度=科学技术支出/地方一般财政预算支出。

（39）产学研合作项目数。产学研合作是指企业、科研院所和高等学校之间的合作，通常是指以企业为技术需求方与以科研院所或高等学校为技术供给方之间的合作，其实质是促进技术创新所需各种生产要素的有效组合。

（40）R&D经费占GDP比重。该指标越大，表明该地区对研究与试验发展的投入力度越大。计算公式为：R&D经费占GDP比重＝R&D经费/地区GDP×100%。

（41）技术合同成交额，是指技术开发、技术转让、技术咨询和技术服务类合同的成交额。该指标对衡量一个地区的科技成果转化具有较好的引领作用。

（42）万人有效发明专利拥有量，是衡量地区专利拥有量的重要指标。计算公式为：万人有效发明专利拥有量＝专利拥有量/地区常住人口×10000。

（43）高新技术企业产值增长率，反映了高新技术企业产值的发展情况，是对高新技术企业产出能力的一个度量。计算公式为：高新技术企业产值增长率＝（当年高新技术企业产值-上一年高新技术企业产值）/上一年高新技术企业产值。

（44）攻克关键核心技术数，可以较好地衡量一个地区的科研攻关能力、掌握发展主动权的能力。

（45）科技进步贡献率，是指广义技术进步对经济增长的贡献份额，即扣除了资本和劳动之外的其他因素对经济增长的贡献。

（46）境内外上市企业数，是指在境内上市和境外上市的企业总数。

（47）运网密度，是指地区各类交通线路的总长度与地区总面积的比值，衡量地区交通运输发达状况。计算公式为：运网密度＝（铁路营业里程+内河航道里程+公路里程）/地区总面积。

（48）城市化水平，是城市化的度量指标，即城镇人口占总人口（包括农业与非农业）的比重。计算公式为：城市化水平＝地区城市人口/地区年末人口×100%。

（49）每万人国际互联网用户数，是指办理登记手续且已接入国际互联网的用户数。计算公式为：每万人国际互联网用户数＝国际互联网用户数/地区常住人口×10000。

（50）城市国际搜索关注度，是指城市在网络搜索中的频度和在社交媒体中被提及的次数。

（51）项目引进数，是指全部或主要的技术和设备（含成套设备）通过一定方式从国外进口的建设项目数。

（52）实际利用外资额，是指在中国各级政府、部门、企业和其他经济组织通过对外借款、吸收外商直接投资以及用其他方式筹措境外现汇、设备、技术等资源的过程中，根据投资协议（合同）实际执行的投资额。

（53）金融机构引进数，是指引进从事金融业务融投资的机构数目，反映了对外开放的强度。

（54）人才引进数，为引进各类人才数目，反映了对于人才的需求和重视。

（55）引进内外资额，是指在一定时期以各种形式引进的内、外资的总和。

（56）快递业务量同比增长率，是指快递网点接收和投送快递数量的增长速度。计算公式为：快递业务量同比增长率＝（本期快递业务量−上期快递业务量）/上期快递业务量。

（57）旅游总收入，是指一定时期内旅游目的地国家或地区向国内外游客提供旅游产品、购物品和其他劳务所获得的货币收入的总额，综合反映了旅游目的地国家或地区旅游经济的总体规模状况和旅游业的总体经营成果。

（58）跨境电商进出口额，是指实际进出我国国境的电商货物总金额。

（59）对外贸易依存度，是指一国的进出口总额占该国国民生产总值或国内生产总值的比重。计算公式为：对外贸易依存度＝进出口总额/地区 GDP×100%。

（60）电子商务交易额，是指通过信息网络技术进行商品交换的商务活动交易额。

（61）新增绿化面积，体现了国土绿化能力的提升，绿化能力越高，绿色生态安全性能越好。计算公式为：新增绿化面积＝当年绿化面积−上一年绿化面积。

（62）空气质量优良天数比率，反映了空气质量优良情况，空气质量情况直接影响生态环境好坏，将其作为评价绿色生态的指标之一，有利于了解当前绿色生态情况。计算公式为：空气质量优良天数比率=空气质量优良天数/总天数×100%。

（63）PM2.5平均浓度，反映了空气质量情况，浓度越高，空气污染越严重。

（64）森林覆盖率，是指以行政区域为单位的森林面积占区域土地总面积的百分比。计算公式为：森林覆盖率=森林面积/土地总面积×100%。

（65）单位GDP二氧化碳排放下降率，反映的是每单位GDP产出所排放的二氧化碳量相比上年的降低比率。计算公式为：单位GDP二氧化碳排放下降率=（上一年单位GDP二氧化碳排放量−当年单位GDP二氧化碳排放量）/上一年单位GDP二氧化碳排放量×100%。

（66）粮食总产量，是指农业生产经营者日历年度内生产的全部粮食数量。按收获季节包括夏收粮食、早稻和秋收粮食，按作物品种包括谷物、薯类和豆类。

（67）能源综合生产能力，是衡量一个国家（或地区）生产能源能力的重要指标。

（68）集中式饮用水水源地水质达标率，反映的是集中式饮用水的达标情况，该指标可以集中反映地区对水资源水质安全的重视情况。计算公式为：集中式饮用水水源地水质达标率=饮用水水源地水质达标水量（万吨）/取水量之和（万吨）×100%。

（69）黑土地保护性耕作面积，反映的是以保护性耕作方式完成耕作的黑土地面积。黑土地是东北独有的土壤资源，该指标可以体现东北地区对土地资源安全的重视程度。

（70）人均水资源量，反映流域水资源丰、缺状态及发展潜力，可以体现地区水资源水量安全状况，是地区可持续发展的重要基础。计算公式为：人均水资源量=水资源总量/地区总人口。

（71）单位GDP能耗下降率，是反映能源消费水平和节能降耗状况的主要指标，衡量了能源利用的效率。该指标说明一个国家经济活动中对能源的利用程度，反映经济结构和能源利用效率的变化。计算公式为：单位 GDP 能耗下降率＝（上一年单位 GDP 能耗–当年单位 GDP 能耗）／上一年单位 GDP 能耗×100%。

（72）单位 GDP 用水量，反映总体经济用水状况。计算公式为：单位 GDP 用水量＝总用水量／地区 GDP。

（73）土地产出率，反映的是土地利用效率，产出率越高，使用效率越高。计算公式为：土地产出率＝当年地区 GDP／土地面积。

（74）秸秆综合利用率，反映的是秸秆的综合利用效率。秸秆是一种可再生的生物资源，将其作为评价资源利用的指标之一，有利于进一步了解东北地区资源利用状况及未来可发展趋势。计算公式为：秸秆综合利用率＝综合利用的秸秆数量／农村秸秆总量。

（75）畜禽养殖废弃物资源化综合利用率，反映的是畜牧业养殖废弃物的资源化利用率。计算公式为：畜禽养殖废弃物资源化综合利用率＝综合利用的畜禽养殖废弃物资源量／畜禽养殖废弃物资源总量。

（76）居民人均可支配收入，是指居民人均可用于最终消费支出和储蓄的总和。按照收入的来源，可支配收入包括工资性收入、经营净收入、财产净收入和转移净收入。计算公式为：居民人均可支配收入＝城镇居民人均可支配收入×城镇人口比重＋农村居民人均可支配收入×农村人口比重。

（77）居民消费价格指数，是反映一定时期内城乡居民所购买的生活消费品和服务项目价格变动趋势和程度的相对数，是对城市居民消费价格指数和农村居民消费价格指数进行综合汇总计算的结果。

（78）民生支出占财政支出比重，反映了地方政府对民生建设的投入程度。计算公式为：民生支出占财政支出比重＝用于民生的财政支出／财政总支出。

（79）农村危房改造数，能够反映农村居民居住环境的改善程度。农村危房是指依据住房城乡建设部鉴定属于整栋危房（D 级）或局部危险（C 级）的房屋。

（80）老旧小区改造数，能够反映城市居民居住环境的改善程度。老旧小区是指城市、县城（城关镇）建成于 2000 年以前、公共设施落后影响居民基本生活、居民改造意愿强烈的住宅小区。

（81）义务教育学校标准化建设数，是指满足地区义务教育学校标准化建设标准的学校数量，能够反映一个地区的基础教育发展水平。

（82）基层综合文化服务中心建设数，能够反映基层居民的文娱活力与一个地区的公共文化服务水平。

（83）每千人口医院床位数，能够反映一个地区的医疗资源。计算公式为：每千人口医院床位数＝医院床位数/地区总人口×1000。

（84）科技公共服务平台数，是指面向地区科技发展的公共服务平台个数，反映的是地区科技公共服务水平。

（85）新增托位数，指报告期末的托位数量较上一时期的增加值，反映了一个地区对托育问题的重视程度。

（86）城镇登记失业率，是指在报告期末城镇登记失业人数占期末城镇从业人员总数与期末实有城镇登记失业人数之和的比重。计算公式为：城镇登记失业率＝城镇登记失业人数/（城镇登记失业人数＋城镇从业人员总数）。

（87）贫困人口脱贫数，是指满足脱贫标准的贫困人口数，能够反映政府扶贫工作的绩效。

（88）基本医疗保险参保率，反映了地区的医疗保障水平。计算公式为：基本医疗保险参保率＝按国家有关规定参加相应基本医疗保险的人数/地区总人口。

（89）企业退休人员基本养老金月人均额，能够衡量一个地区的养老保障水平。计算公式为：企业退休人员基本养老金月人均额＝退休人员每月基本养老金/企业退休人员数。

（90）城乡最低生活保障标准，是指国家为保障居民达到最低生活水平而制定的一种社会救济标准，能够反映一个地区基本的民生保障状况。

附录Ⅲ：备选指标解释及计算公式

（1）规模以上产业项目数，反映了产业发展的规模。计算公式为：规模以上产业项目数＝"百万元"产业项目数＋"千万元"产业项目数＋"亿元以上"产业项目数。

（2）文化产业增加值占地区生产总值比重，反映一个国家（或地区）所有常住单位一定时期内进行文化及相关产业生产活动的增加值占地区生产总值的比重。计算公式为：文化产业增加值占地区生产总值比重＝文化产业增加值/地区生产总值×100%。

（3）金融业增加值占GDP比重，表示一个国家（或地区）所有常住单位在一定时期内从事金融业生产活动的增加值占地区生产总值的比重。计算公式为：金融业增加值占GDP比重＝金融业增加值/地区生产总值×100%。

（4）国有企业"以投促引"产业项目数，反映国有企业发展以投资促进或加强地方招商引资的新模式，反映国有企业的改革和发展。

（5）国有"僵尸企业"处置数。"僵尸企业"是指已停产、半停产、连年亏损、资不抵债，主要靠政府补贴和银行续贷维持生存和经营的企业，反映国有企业提质增效的举措。

（6）出台修订政府规章数，是指各级政府根据法律、行政法规和本地区的地方性法规，出台修订规章的数量。

（7）死亡人数下降率，是指在一定时期内丧失生命的人口数的总和相较于上一时期下降的比率。计算公式为：死亡人数下降率＝（上一年度死亡人口数量－本年度死亡人口数量）/上一年度死亡人口数量。

（8）商品房库存去化周期，是指库存的商品房的销售周期。

（9）打掉黑恶犯罪团伙个数，是指打掉各种具有黑社会性质组织和犯罪团伙的数量。

（10）院士专家工作站数。院士专家工作站有利于发挥组织特色和优势，实施产学研合作培养创新人才，推进产学研联合，集聚、培养高层次人才和创新人才，是服务经济社会发展、服务企业技术创新的开创性工作。

（11）农业科技园数量。农业科技园是以市场为导向、以科技为支撑的农业发展的新型模式，是农业技术组装集成的载体，是市场与农户连接的纽带，是现代农业科技的辐射源，是人才培养和技术培训的基地，对周边地区农业产业升级和农村经济发展具有示范与推动作用。

（12）人均科技投入，衡量一个地区人均科技的投入强度，投入越大，地区创新以及科技的发展引领作用越强。计算公式为：人均科技投入＝科技技术支出/地区常住人口。

（13）高新技术产业占规模以上工业增加值比重，有利于正确引导高新技术产业的发展，比重越大，表明该地区高新技术产业的发展相对较好。计算公式为：高新技术产业占规模以上工业增加值比重＝高新技术产业增加值/规模以上工业增加值×100%。

（14）专利授权量，是指报告期内由专利行政部门授予专利权的件数，是发明、实用新颖、外观设计三种专利授权数的总和。专利授权数量越多，表示一个地区的创新能力越高。

（15）专利申请量，是指专利机构受理技术发明申请专利的数量，是发明专利申请量、实用新型专利申请量和外观设计专利申请量之和，反映技术发展活动是否活跃，以及发明人是否有谋求专利保护的积极性。专利申请数量越多，表示一个地区的创新氛围越好。

（16）科技成果转化实现数。科技成果转化是将科技成果转化为现实产品并实现产业化与市场化的过程，是科学技术发挥潜在作用的首要工作与必经过程。该指标可以有效反映一个地区科技成果转化实现数量和规模以及地区的创新水平。

（17）每万人移动电话数，是指在电信运营企业营业网点办理开户登记手续，通过移动电话交换机进入移动电话网，占用移动电话号码的各类电话用户数。计算公式为：每万人移动电话数=移动电话数/地区常住人口×10000。

（18）农村电商服务站数，是指通过网络平台嫁接各种服务于农村的资源，拓展农村信息服务业务、服务领域，使之兼而成为遍布县、镇、村的三农信息服务站数。

（19）国际友好城市数，是指一国城市与另一国相对应的城市签署正式友好城市协议书，建立友好关系城市数。

（20）对外直接投资额，是指境内投资主体对外直接投资总额。

（21）实际到位资金额，是指实际收到的投资资金。

（22）外商投资企业数，是指我国政府、部门、企业和其他经济组织吸收直接投资以及其他方式筹措境外现汇、技术、设备等的外商企业数。

（23）货物吞吐量，是指经由水路进、出港区范围，并经过装卸的货物数量。

（24）跨境人民币结算量，是指拥有进出口经营许可的企业用人民币进行结算的总量。

（25）服务贸易进出口额，是指提供服务贸易的进出口总额，反映了该地区服务贸易水平。

（26）参与国际标准和国家标准制修订数，是指地区企事业单位累计参与制修订国际、国家标准数。

（27）旅客吞吐量，是指报告期内经由水路、航空等乘船（飞机）进、出港区范围的旅客数量，是港口行业重要统计指标。

（28）新增修复湿地面积，是指当年修复湿地面积比上一年修复湿地面积的增加量。计算公式为：当年修复湿地面积-上一年修复湿地面积。

（29）水土流失治理面积，是指在山丘地区水土流失面积上，按照综合治理的原则，采取各种治理措施以及按小流域综合治理措施所治理的水土流失面积总和。水土流失治理面积反映的是对流域（或区域）水土流失情况的治理绩效。水土流失治理面积是水平梯田、淤地坝、谷坊、造林种草、封山育林育草（指有造林、种草补植任务的）等，以及按小流域综合治理措施所治理的水土流失面积总和。

（30）污水厂建设数，是指建设污水处理厂的数量，直接体现地区对污水的处理情况。

（31）整治黑臭河道数，是指整治黑臭河道的数量，反映的是地区对黑臭河道的整治情况。

（32）国考省考断面水质优Ⅲ比例，是指在国家与省级考核下，断面水质优Ⅲ的比例，反映的是断面水质情况。

（33）耕地保有量＝上一年结转的耕地数量–年内各项建设占用耕地的数量和农业结构调整占用及生态退耕的数量＋年内土地开发、复垦和土地整理增加的耕地数量。

（34）绿色有机食品认证新增数，反映的是通过绿色有机食品认证的食品新增量。计算公式为：当年绿色有机食品认证数–上一年绿色有机食品认证数。

（35）批而未供土地利用面积，是指依法已经由国务院或省级人民政府批准土地征用或农地转用，而未供应出去的土地面积。面积越大，反映地区的土地利用效率越低。

（36）污染地块和受污染耕地安全利用率，是指对污染地块与受污染耕地安全利用的效率。计算公式为：污染地块和受污染耕地安全利用率 A ＝（B＋C＋D）/E×100%。其中，A：某区域受污染耕地安全利用率（省级或县级）；B：轻微污染且实施了优先保护类措施（加强监测，因地制宜推行种养结合、秸秆还田、增施有机肥、少耕免耕等措施，提升耕地质量）的耕地面积；C：实施了安全利用类或治理修复类措施（优化施肥、水分调节、低积累品种替代、土壤调理、撒施石灰、生物修复等），且实现农产品质量达标生产的轻中度污染耕地面积；D：实施了严格管控类措施（种植结构调整、特定农产品禁止生产区划分、退耕还林还草、休耕等）的重度污染耕地面积；E：该区域受污染耕地面积，即轻微污染、轻中度污染和重度污染耕地面积之和。

（37）村均集体可支配收入，是指集体资产经营净收益和公共财政补贴收入的总和，是集体经济可以自主支配的收入。计算公式为：村均集体可支配收入＝

村集体可支配总收入/村庄数量。

（38）棚户区改造数，能够反映城乡居住环境的改善程度。棚户区一般是指简易房屋和棚厦房屋集中区，是结构简陋，抗灾性差，居住拥挤，功能差、居住环境差、无道路、无绿化、无公共活动场地、采光通风差的房屋集中的地方。

（39）美丽乡村示范村数量，能够体现一个地区社会主义新农村的建设发展水平。

（40）改建农村公路里程，是指扩改新建的农村公路长度，能够体现农村道路交通的优化情况。

（41）光纤覆盖用户数，是指家庭中接入光导纤维的用户数量，可以用来衡量一个地区通信基础设施建设水平，在一定程度上能反映居民的居住条件。

（42）普惠性幼儿园在园幼儿占比。普惠性幼儿园是指以政府指导价收取保育费和住宿费的幼儿园，包括教育部门办园、其他部门举办的公办性质幼儿园、普惠性民办幼儿园。计算公式为：普惠性幼儿园在园幼儿占比＝普惠性幼儿园在园幼儿人数/在园幼儿总人数。

（43）抗癌药纳入医保目录数，是指纳入医保报销目录的抗癌药种类数量，体现了一个地区的医疗服务水平。

（44）高等教育毛入学率，是指高等教育在学人数与适龄人口之比，其中，适龄人口是指在 18～22 岁这个年龄段的人口数。计算公式为：高等教育毛入学率＝高等教育在学人数/适龄人口。

（45）基本公共卫生服务项目人均经费标准，是指政府部门为建设与完善地区的公共卫生服务项目而制定的一种经费标准，体现了一个地区的公共卫生服务水平。

（46）公共文化服务设施覆盖率，反映的是一个地区为居民提供的文化服务水平，通常是指公共文化服务设施惠及的人口数与地区人口的比值。

（47）保障性住房建成数，能够体现一个地区的住房保障水平。保障性住房是指政府为中低收入住房困难家庭所提供的限定标准、限定价格或租金的住房，一般由廉租住房、经济适用住房、政策性租赁住房、定向安置房等构成。

（48）转移农村劳动力人数，是指没有从事农业生产也没有从事其他生产或服务活动的农村劳动力转移到城市从事工作的人数，反映了一个地区农村劳动力就业状况。

（49）每千名老人拥有养老床位数，可以衡量一个地区在养老方面所拥有的物质资源。计算公式为：每千名老人拥有养老床位数＝养老床位数/地区老年人口总数×1000。

（50）人均预期寿命，是指假若当前的分年龄死亡率保持不变，同一时期出生的人预期能继续生存的平均年数。

（51）基本养老保险参保率，反映了一个地区的养老保障水平。计算公式为：基本养老保险参保率＝按国家有关规定参加相应基本养老保险的人数/地区总人口。

附录Ⅳ：分段无量纲化方法

分段无量纲化方法的详细研究见易平涛等（2020）的工作，这里仅给出该方法的基本实现过程。

为简便起见，将 31 个省市区用符号 o_1，o_2，$\cdots$，o_n 表示（$n=31$），60 个测度指标用 x_1，x_2，$\cdots$，x_m 表示（$m=60$），各省市区关于不同测度指标的取值矩阵用 $[x_{ij}]_{n\times m}$ 表示。理想的无量纲化方法应尽可能兼顾"单调性""差异比不变性""平移无关性""缩放无关性""区间稳定性"和"总量恒定性"6 条基本性质。通过郭亚军等（2008）的分析，可以知道标准化处理法、极值处理法和功效系数法对上述 6 条性质的满足程度最高，但这三种方法却存在着无法消除异常值对无量纲化结果造成干扰的局限。因而，在极值处理法的基础上，兼顾弱化异常值的影响及尽可能提升无量纲化后数据分布均衡性的需求，本书采用了一种基于评价数据排序值百分比的诱导分段无量纲化方法，基本过程如下所示：

1. 指标值的排序

对 n 个被评价对象（省区市）关于第 j（j=1，2，$\cdots$，m）个指标的取值 $\{x_{1j}$，x_{2j}，$\cdots$，$x_{nj}\}$ 进行排序，记其排序值为 $\{d_{1j}$，d_{2j}，$\cdots$，$d_{nj}\}$。

2. 排序值百分比的求解

计算被评价对象 o_i 关于指标 x_j 取值的序比例，记为 p_{ij}，则

$$p_{ij} = (n-d_{ij})/(n-1) \tag{4-1}$$

其中，n 为被评价对象的个数，有 $p_{ij} \in [0, 1]$。

3. 无量纲化分段点的确定

设 $[0, 1]$ 区间内共有 l+2 个分段点（记为 α_0，α_1，$\cdots$，α_{l+1}）将该区间分为 l+1 子区间。不失一般性地，令 $l \geqslant 1$，$\alpha_0 < \alpha_1 < \cdots < \alpha_{l+1}$ 且 $\alpha_0 = 0$，$\alpha_{l+1} = 1$，

则 $l+1$ 子区间分别为 $[\alpha_0, \alpha_1]$，$(\alpha_1, \alpha_2]$，$\cdots$，$(\alpha_1, \alpha_{l+1}]$。进一步地，依据指标值数据 $\{x_{1j}, x_{2j}, \cdots, x_{nj}\}$ 分别计算分段点 α_t 对应的取值，记为 γ_0，γ_1，γ_2，$\cdots$，γ_{l+1}，则有 $\gamma_t \in \left[\min\limits_{i=1,2,\cdots,n} \{x_{ij}\}, \max\limits_{i=1,2,\cdots,n} \{x_{ij}\} \right]$。

4. 指标值的无量纲化处理

对数对 $<p_{ij}, x_{ij}>$，基于指标值的序比例 p_{ij} 在不同分段子区间内的分布情形，对指标值 x_{ij} 进行无量纲化处理的基本表达式为：

$$\begin{cases} x_{ij}^* = \alpha_k + (\alpha_{k+1} - \alpha_k)\dfrac{(x_{ij} - \gamma_{ik})}{(\gamma_{ik+1} - \gamma_{ik})}, & p_{ij} \in (\alpha_k, \alpha_{k+1}] \text{ 且 } x_j \text{ 为极大型指标} \\[3mm] x_{ij}^* = \alpha_{1-k} + (\alpha_{1+1-k} - \alpha_{1-k})\dfrac{(\gamma_{ik} - x_{ij})}{(\gamma_{ik+1} - \gamma_{ik})}, & p_{ij} \in (\alpha_k, \alpha_{k+1}] \text{ 且 } x_j \text{ 为极小型指标} \end{cases}$$

$$(4-2)$$

其中，x_{ij}^* 为无量纲化处理后的指标值，且当 $p_{ij} \in (\alpha_k, \alpha_{k+1}]$ 时，$x_{ij}^* \in [\alpha_k, \alpha_{k+1}] \in [0, 1]$（$x_j$ 为极大型指标）或 $x_{ij}^* \in [\alpha_{1-k}, \alpha_{1+1-k}] \in [0, 1]$（$x_j$ 为极小型指标），$k=0, 1, 2, \cdots, l$。

表达式（4-2）的构建思路是采用序比例分段的方式可使得不同指标的指标值在各对应的分段子区间内的分布个数相同，且当不同分段子区间的区间范围相同时，指标值在不同子区间内的分布个数也基本相同，从而保证了无量纲化后数据在 $[0, 1]$ 区间内分布的均衡性，且能够较大程度地提升该无量纲化方法对"总量恒定性"性质的满足程度［详见易平涛等（2020）研究中的性质分析］。

除此之外，可以看出当 $l=0$ 时，序比例诱导分段无量纲化方法与极值处理法相同，即极值处理法是序比例诱导分段无量纲化方法的特例。

不失一般性地，在本书中，进行评价指标的无量纲化处理时取 $l=3$ 将指标的取值区间分为 4 段，进一步按照四分位分割区段的方式对 60 项测度指标进行无量纲化处理。需要说明的是，为实现连续测度的效果，在具体的数据处理过程中，将 2011～2019 年连续 9 年的指标测度数据放在一起按照分段无量纲化方法进行整体处理。

附录 V：振兴指数求解过程

设 $Y_i(t_l)$ 表示 t_l 时段省市区 o_i 在东北地区全面振兴指标体系下的振兴指数得分，$i=1,2,\cdots,31$，$l=1,\cdots,9$ 分别代表 2011~2019 年，则有

$$Y_i(t_l) = \frac{1}{6}\sum_{k=1}^{6} z_k(t_l), \quad k=1,2,\cdots,6 \tag{5-1}$$

其中，$z_k(t_l)$ 代表 t_l 时段 6 个二级指标的综合得分，依据各个二级指标下属的三级指标求得，即

$$z_k(t_l) = \frac{1}{5}\sum_{h=1}^{5} c_{kh}(t_l), \quad h=1,2,\cdots,5 \tag{5-2}$$

其中，$c_{kh}(t_l)$ 代表 t_l 时段第 k 个二级指标下属的 5 个三级指标［详见第五章第一节（一）中的指标体系］的综合得分，依据各个三级指标下属的测度指标进行求解。

不失一般性地，设 t_l 时段第 k 个二级指标下属的第 h 个三级指标对应 p（$p\geqslant1$）个测度指标，用 $x_{khj}(t_l)$（$j=1,\cdots,p$）表示，则 $c_{kh}(t_l)$ 的值可通过以下表达式进行求解。

$$c_{kh}(t_l) = \frac{1}{p}\sum_{j=1}^{p} x_{khj}^*(t_l) \tag{5-3}$$

其中，$x_{khj}^*(t_l)$ 为依据附录 IV 中的分段无量纲化方法求解得到的与 t_l 时段测度指标值 $x_{khj}(t_l)$ 对应的无量纲化后的测度指标值。

附录Ⅵ：优胜指数预判方法

优胜指数的求解思路为：首先，以 2011~2019 年的测度指标数据为基础，对 2020~2025 年的指标数据进行区间预测；其次，采用随机聚合模拟的方式求得 31 个省市区之间两两比较的优胜度矩阵；最后，基于优胜度矩阵，求解得到最终的优胜指数。具体的求解过程如下：

（1）2020~2025 年指标数据的求解。对于 t_l 时段的测度指标值 $x_{khj}(t_l)$，求解其相比于 t_{l-1} 时段的增长率（$l=2$，3，$\cdots$，9），记为 $\Delta_{khj}(t_l)$，则有

$$\Delta_{khj}(t_l) = \frac{x_{khj}(t_l) - x_{khj}(t_{l-1})}{x_{khj}(t_{l-1})} \tag{6-1}$$

以 2019 年为测度指标数据为基点，结合 2011~2019 年测度指标的最小和最大增长率，求得 2020~2025 年的测度指标预测区间，即

$$\begin{cases} x_{khj}^{L}(t_f) = x_{khj}(t_{f-1}) \cdot \left(1 + \min_{l=2}^{9}\{\Delta_{khj}(t_l)\}\right) \\ x_{khj}^{U}(t_f) = x_{khj}(t_{f-1}) \cdot \left(1 + \max_{l=2}^{9}\{\Delta_{khj}(t_l)\}\right) \end{cases} \tag{6-2}$$

其中，t_f 代表预判时段 2020~2025 年，$f=1$，2，$\cdots$，6；$x_{khj}^{L}(t_f)$ 和 $x_{khj}^{U}(t_f)$ 分别代表 t_f 时段测度指标预测区间的左、右端点值；当 $f=1$ 时，$t_{f-1}=t_0$ 为 2019 年对应的测度指标的取值。

（2）优胜度矩阵求解。采用随机聚合模拟的方式在预测区间内随机抽样，并按照分段无量纲化方法进行数据处理和振兴指数求解方法求解每次随机抽样对应的振兴指数，在此基础上，基于每次抽样的振兴指数统计被评价对象（31 个省市区）之间两两比较的优劣概率，得到优胜度矩阵。具体过程如下所示：

第一步：针对 t_f 时段的预测指标数据 $[x_{khj}^{L}(t_f)，x_{khj}^{U}(t_f)]$，按照均匀分布的方式随机抽样。

第二步：对每次抽样得到的测度指标值［不失一般性地，记为 $x_{khj}(t_f)$］，首先按照分段无量纲化方法进行数据预处理，然后按照式（5-1）~式（5-3）求解振兴指数得分。

第三步：重复第一步和第二步实现充分抽样，并在此基础上统计不同时段被评价对象（31 省市区）之间两两比较的优劣次数。

第四步：用被评价对象两两比较的优劣次数除以抽样总次数，得到被评价对象之间两两比较的优胜度矩阵。需要说明的是，以优胜度矩阵达到稳定状态作为随机聚合模拟的终止条件，通常测度指标取值的区间范围越大，需要模拟的总次数也会越多。

（3）综合优胜指数求解。设 t_f 时段 31 个省市区的优胜度矩阵为 $S(t_f)=\left[s_{ij}(t_f)\right]_{n\times n}(n=31)$，由易平涛等（2019）的分析可知，①$s_{ij}(t_f)\in[0,1]$；②$s_{ii}(t_f)=0.5$；③$s_{ij}(t_f)+s_{ji}(t_f)=1$。

由于优胜度矩阵 $S(t_f)$ 的第 i 行元素代表了被评价对象 o_i 优于其他 n-1 个被评价对象的概率（除了优于其自身的概率 0.5），因而，可对这 n-1 个优胜概率进行算术评价求得被评价对象 o_i 优于其他被评价对象的平均概率，可知，该平均概率的取值区间为[0,1]，故可将该平均概率放大 100 倍至[0,100]的区间范围，作为被评价对象 o_i 优于其他被评价对象的综合优胜指数［记为 $R_i(t_f)$］，则有

$$R_i(t_f)=\left(\frac{1}{n-1}\sum_{j=1,\,j\neq i}^{n}s_{ij}(t_f)\right)\times 100,\quad i=1,2,\cdots,31 \tag{6-3}$$

参考文献

［1］周建平，程育，李天骄．东北振兴战略总论［M］．沈阳：辽宁人民出版社，2020．

［2］国家统计局．中国统计年鉴［M］．北京：中国统计出版社，2020．

［3］辽宁省统计局．辽宁统计年鉴［M］．北京：中国统计出版社，2020．

［4］吉林省统计局．吉林统计年鉴［M］．北京：中国统计出版社，2020．

［5］黑龙江省统计局．黑龙江统计年鉴［M］．北京：中国统计出版社，2020．

［6］李凯，史金艳．略论东北老工业基地的振兴及其发展思路［J］．管理世界，2003（9）：16-22．

［7］林木西．振兴东北老工业基地的理性思考与战略抉择［J］．经济学动态，2003（8）：16-22．

［8］任淑玉，贾中海，王洪．振兴东北老工业基地的难点及对策［J］．宏观经济研究，2003（9）：54-60．

［9］唐现杰，徐泽民．振兴东北老工业基地的现实选择［J］．管理世界，2004（12）：21-23．

［10］王洛林，魏后凯．振兴东北地区经济的未来政策选择［J］．财贸经济，2006（10）：46-51．

［11］林木西．探索东北特色的老工业基地全面振兴道路［J］．辽宁大学学

报（哲学社会科学版），2012，40（5）：1-9.

［12］迟福林．政府转型与东北振兴［J］．东北大学学报（社会科学版），2005（8）：36-42.

［13］蒋寒迪，陈华．从制度变迁看东北振兴的路径依赖与路径选择［J］．企业经济，2005（3）：16-22.

［14］金凤君，陈明星．"东北振兴"以来东北地区区域政策评价研究［J］．经济地理，2010（7）：18-24.

［15］成思危．整合金融资源 支持东北振兴［J］．中国金融，2004（3）：18-21.

［16］王珏．西部大开发实施成效对振兴东北的启示——基于地区利用外资的分析［J］．管理世界，2004（9）：62-64.

［17］李悦，李立，郎立君．论振兴东北老工业基地的必经之路——以高新技术改造传统产业［J］．财经问题研究，2004（7）：56-61.

［18］张平宇．"振兴东北"以来区域城镇化进展、问题及对策［J］．中国科学院院刊，2013，28（1）：39-45+38.

［19］佟伟伟，刘玉玫，肖侠．东北老工业基地振兴指标体系探讨［J］．中国统计，2006（12）：52-54.

［20］刘凤朝，孙玉涛，徐茜．老工业基地振兴绩效评价与战略升级的政策取向——基于辽宁省专家问卷调查的分析［J］．科学学与科学技术管理，2010，31（8）：133-137+177.

［21］仇方道，李博，佟连军．基于 MFA 和 DEA 的东北地区矿业城市可持续发展能力评价［J］．资源科学，2009，31（11）：1898-1906.

［22］车晓翠，张平宇．东北振兴以来大庆市产业可持续发展能力评价［J］．经济地理，2012（4）：31-36.

［23］苏飞，张平宇．大庆市城市经济系统可持续性评价［J］．中国人口·资源与环境，2009，19（6）：154-159.

［24］赵林，王维，张宇硕，李瑞，吴殿廷．东北振兴以来东北地区城市脆

弱性时空格局演变 [J]．经济地理，2014，34（12）：69-77.

[25] Li W. W., Yi P. T., Zhang D. N., Zhou Y. Assessment of coordinated development between social economy and ecological environment：Case study of resource-based cities in hortheastern China [J]．Sustainable Cities and Society，2020（59）.

[26] Lu C. P., Xue B., Lu C. Y., Wang T., Jiang L., Zhang Z. L., Ren, W. X. Sustainability investigation of resource-based cities in northeastern China [J]．Sustainability，2016（8）：1058.

[27] Li W. W., Yi P. T., Zhang D. N. Investigation of sustainability and key factors of Shenyang city in China using GRA and SRA methods [J]．Sustainable Cities and Society，2021（68）.

[28] Yi P. T., Evaluation and prediction of city sustainability using MCDM and stochastic simulation methods [J]．Sustainability，2018（10）：3771.

[29] 李凯，易平涛等．2016 东北老工业基地全面振兴进程评价报告 [M]．北京：经济管理出版社，2017.

[30] 李凯，易平涛等．2017 东北老工业基地全面振兴进程评价报告 [M]．北京：经济管理出版社，2018.

[31] 李凯，王世权等．2018 东北老工业基地全面振兴进程评价报告 [M]．北京：中央编译出版社，2020.

[32] 李凯，李伟伟等．2019 东北老工业基地全面振兴进程评价报告 [M]．北京：经济管理出版社，2020.

[33] 李健，陈元晖，胡雅婷，韩永奇．新一轮东北振兴背景下东北科技人才助力经济发展面临的问题及应对策略 [J]．产业创新研究，2020（16）：22-24.

[34] 徐杨．新一轮东北振兴政策中创业环境的优化措施分析 [J]．产业与科技论坛，2017，16（9）：99-100.

[35] 李世鹏，刘增凡，杜会永．新一轮东北老工业基地振兴的金融支持对策研究 [J]．哈尔滨商业大学学报（社会科学版），2017（5）：84-93.

［36］赵峥．东北地区构建对外开放新前沿的路径与对策［J］．科技导报，2021，39（4）：79-83.

［37］董文良，邓珊，王心磊．科技创新驱动区域经济高质量发展机制研究［J］．中国商论，2020（24）：172-173.

［38］王晓玲．东北城市转型评价指标体系研究［J］．城市，2016（5）：21-28.

［39］王伟，王成金．东北地区高质量发展评价及其空间特征［J］．地理科学，2020，40（11）：1795-1802.

［40］温家隆，张满银，何维达．东北振兴规划实施成效评估研究——基于多层次模糊综合评价方法［J］．经济问题，2020（7）：97-105+122.

［41］李恒吉，逯承鹏，鹿晨昱，韩金雨，徐丽．东北地区城市可持续发展的时空格局演变分析［J］．水土保持研究，2021，28（6）：407-411+419.

［42］张倩，陈婉莹，彭亦廷．基于系统动力学的东北三省可持续发展策略研究［J］．煤炭经济研究，2020，40（9）：34-41.

［43］张占斌等．新时代与东北振兴［M］．沈阳：辽宁人民出版社，2020.

［44］常修泽．中国东北转型通论［M］．沈阳：辽宁人民出版社，2020.

［45］赵晋平．东北振兴中的对外开放新前沿建设［M］．沈阳：辽宁人民出版社，2020.

［46］王姣娥，杜德林．东北振兴以来地区经济发展水平演化及空间分异模式［J］．地理科学，2016，36（9）：1320-1328.

［47］高相铎，贾玫，李诚固．吉林老工业基地产业布局与协调发展研究［J］．地域研究与开发，2005（6）：30-33.

［48］周姝彤，刘力臻，王庆龙．东北地区经济增长与金融发展的非对称关系及其结构性变迁［J］．工业技术经济，2019，38（3）：147-154.

［49］王峰．"放管服"改革中政府间纵向关系调整：逻辑与进路［J］．中国行政管理，2021（8）：22-24.

［50］徐换歌，蒋硕亮．政府效能、腐败规制对营商环境的优化效应研

究——来自跨国面板数据的经验证据［J］．公共管理与政策评论，2020，9（1）：84-96.

［51］李洪山，邢思远．东北地区营商环境问题分析及其优化策略研究［J］．商业经济，2021（5）：1-2+26.

［52］吕雁琴，陈静，邱康权．中国营商环境指标体系的构建与评价研究［J］．价格理论与实践，2021（4）：99-103.

［53］刘建义．大数据驱动政府监管方式创新的向度［J］．行政论坛，2019，26（5）：102-108.

［54］中国科学技术发展战略研究院．国家创新指数报告［M］．北京：科学技术文献出版社，2020.

［55］中国科技发展战略研究小组．中国区域创新能力评价报告［M］．北京：科学技术文献出版社，2020.

［56］靳思昌．河南创新驱动转型发展评价指标体系研究［J］．国际商务财会，2016（2）：89-92.

［57］上海财经大学课题组．上海"创新驱动，转型发展"评价指标体系研究［J］．科学发展，2014（66）：5-16.

［58］吴海建．创新驱动发展评价指标体系设计及实证研究［J］．中国统计，2015（2）：53-54.

［59］吴优．创新驱动发展评价指标体系构建［J］．开放导报，2014（4）：88-92.

［60］李燕萍，毛雁滨，史瑶．创新驱动发展评价研究——以长江经济带中游地区为例［J］．科技进步与对策，2016，33（22）：103-108.

［61］Haini H. The evolution of China's modern economy and its implications on future growth［J］．Post-Communist Economies，2021，33（7）：795-819.

［62］Bruton G. D. , Ahlstrom D. , Chen J. China has emerged as an aspirant economy［J］．Asia Pacific Journal of Management，2021，38（1）：1-15.

［63］李建伟．总体国家安全观的理论要义阐释［J］．政治与法律，2021

（10）：65-78.

[64]唱彤，郦建强，金菊良等．面向水流系统功能的多维度水资源承载力评价指标体系［J］．水资源保护，2020，36（1）：44-51.

[65]吕平毓，吕睿．基于改进 PCA 的重庆市水资源可持续利用评价［J］．人民长江，2016，47（24）：40-45.

[66]国务院发展研究中心"中国民生指数研究"课题组，张玉台，吴晓灵，韩俊，叶兴庆，葛延风，金三林．我国民生发展状况及民生主要诉求研究——"中国民生指数研究"综合报告［J］．管理世界，2015（2）：1-11.

[67]于洪彦，刘金星，张洪利．东北农村居民消费行为解析［J］．经济纵横，2008（5）：52-54.

[68]金华林，李天国．新农村建设对提高农村居民收入的成效评估——基于对东北农村收入来源的实证研究［J］．社会科学战线，2011（10）：58-62.

[69]于文武．基于东北三省城乡商品流通交易平台构建的农村公共文化服务问题研究［J］．知识经济，2015（7）：93.

[70]孙少岩．东北城镇社会保障制度试点存在的问题与对策［J］．人口学刊，2004（5）：42-44.

[71]易平涛，李伟伟，李玲玉．序比例诱导分段无量纲化方法及其影响因素分析［J］．系统管理学报，2020，29（5）：866-873.

[72]郭亚军，易平涛．线性无量纲化方法的性质分析［J］．统计研究，2008，25（2）：93-100.

[73]易平涛，李伟伟，郭亚军．综合评价理论方法及应用（第二版）［M］．北京：科学出版社，2019.